公共体育个性化丛书

传统武术与健体防身

申亮 等 编著

上海大学出版社

图书在版编目(CIP)数据

传统武术与健体防身 / 申亮等编著. —上海:上海大学出版社,2018.10
ISBN 978-7-5671-3237-5

Ⅰ.①传… Ⅱ.①申… Ⅲ.①武术-健身运动-中国-教材 Ⅳ.①G852

中国版本图书馆 CIP 数据核字(2018)第 221180 号

责任编辑 黄晓彦
封面设计 缪炎栩

传统武术与健体防身
申亮 等 编著
上海大学出版社出版发行
(上海市上大路 99 号 邮政编码 200444)
(http://www.press.shu.edu.cn 发行热线 021-66135112)
出版人 戴骏豪

*

上海华业装潢印刷厂印刷 各地新华书店经销
开本 787mm×960mm 1/16 印张 11.5 字数 210 000
2018 年 10 月第 1 版 2018 年 10 月第 1 次印刷
ISBN 978-7-5671-3237-5/G·2778 定价:35.00 元

"公共体育个性化丛书"编委会

主编：邵　斌　柏慧敏　秦文宏
编委：王　光　许　汸　李效凯　杨小明
　　　邵　斌　柏慧敏　秦文宏　徐春毅
　　　程　杰　魏　磊

前　言

　　当代中国强调发展,同样要重视传统。没有发展,社会将停滞不前,而丢掉传统,发展将失去根基。在全球化趋势下,保持民族的文化传统,对于世界文化的多样性和文明的传承都具有重要的意义。山东大学陈炎教授曾指出:汉字、中医、中餐和武术这些中国元素是人文版的中国"四大发明",而武术则"体现了中国人特有的思维方式、行为方式及情感方式",是"中国文化最为集中、最有特色的表现形式"。

　　传统武术之所以能够历经数千年而不衰,不断发展,且能传播到世界各地,就是因为它不仅是一种格斗术,而且具有良好的健身功效和丰富而深刻的文化内涵。伴随着近代的西学东渐,传统武术在 20 世纪初就已拉开了科学化和体育化的序幕。而当代中国的文化断裂则最终把中国武术分为竞技武术和传统武术两个截然不同的形态。当武术走入运动场成为竞技体育运动项目,尤其是在削足适履地进入奥运会无果之后,越来越多的武术文化学者和教育学者开始反思那种新编武术项目是否能完全代替传统武术,承担起武术教育和武术文化传承的功能。

　　笔者在对上海部分高校的武术教学进行调查中发现,高校武术教学的开展情况并不乐观。很多学校的武术教学基本停留在武术套路层面,且主要涉及三路长拳、初级剑、功夫扇、初级长拳、简化太极拳等新编武术项目,传统武术内容消失殆尽。而在武术教学中还突出地存在如下问题:第一,学生喜欢武术,但对武术课喜欢程度不大,且课程学习结束后很少有学生能坚持习练;第二,学生对武术的掌握和理解基本局限在武术套路的演练上,原有课程弱化了对学生的武术攻防技能和应用能力的培养;第三,课程内缺乏更多的关于武术理论知识和相关文化的介绍,从而使学生对武术这门博大精深的民族传统体育项目缺乏足够的理解和认知;第四,缺乏足够的拳道礼仪规范要求,也缺乏对学生足够的尚武精神培养。这些问题的存在不仅远离了武术教育本身追求的价值,也远不能达到个性化课程改革所提出的培养目标。欣慰的是,如上问题也正在激发越来越多的武术和体育教育工作者探索如何能让更多的当代大学生喜欢武术、习练武术,并能热爱传承自己民族传统的体育文化和技艺。

在过去的几年里，我和我们的团队成员在高校公共体育专业化与个性化课程改革的背景下进行了"民族传统体育课程体系的创新构建"的探索。我们认为，要解决武术教学中存在的如上问题，还是要立足项目本身的特点，秉持"重拾传统，回归本源"的原则，既要坚持国际化的视野，学习西方课程体系的标准化的经验和体育测量科学方法，又要尊重传统文化，根据学生的特点和遵循传播学的规律，设计武术课程体系，采用多元的教学手段，满足当代大学生对武术不同层面的需要，这或许是一条可行之路。为此，我们编创了本书，并在内容上考虑传统武术的长拳、短打、刚、柔等特点，分别选取了太极拳（柔性拳种）、八极拳（短拳类）、劈挂拳（长拳类）、翻子拳（长短结合兼有螺旋翻转的特点）和中国短兵（综合刀剑器械的特点）进行介绍，以使广大读者和高校的学子对传统武术有一个较为全面的了解与学习。此外，我们在保持拳种风格特点不变的前提下，根据短学期学制（比如上海大学采取的10周一学期）的特点，精选学习内容，并编创了适合实际教学的若干精要传统套路。

本书编撰过程中，上海体育学院研究生陈祥伟、童良晶参与了八极拳、披挂拳、翻子拳、太极拳内容的编写，王永红参与了中国短兵内容的编写。此外，还得到了杭州维传式太极工作室的翟世宗、翟世奎先生的帮助，在此一并表示感谢。最后，希望本书的出版，在满足上海大学本校武术教学之余，也能对广大高校武术教育工作者有一定的参考价值，若此则倍感荣幸。限于本人水平，不足之处，恳请广大读者指正。

申　亮

2017年12月冬于上海大学

目 录

第一章 武术概论 ··· 1
第一节 武术概述 ··· 1
第二节 武术的起源、发展和演变 ··· 10
第三节 武术的流派和分类 ·· 17
第四节 古代武术论著简述 ·· 21

第二章 传统武术与中国文化 ··· 27
第一节 传统武术的哲学渊源 ··· 27
第二节 传统武术的古典之美 ··· 33
第三节 传统武术与中医的相互影响 ·· 36
第四节 传统武术的伦理型文化特征 ·· 40

第三章 传统武术功法训练 ·· 43
第一节 武术功法释义 ·· 43
第二节 传统武术功法的分类及其内容 ······································· 44
第三节 传统武术功力练习的常用方法 ······································· 44

第四章 柔中寓刚——太极拳 ··· 55
第一节 太极拳历史溯源 ··· 55
第二节 太极拳的身心兼修功效 ·· 58
第三节 太极拳基本技法 ··· 61
第四节 传统太极拳基本套路的教与学——武氏太极拳精要十八式 ····· 70

第五章 贴身短打——八极拳 ··· 85
第一节 八极拳历史溯源 ··· 85
第二节 八极拳的内容、风格特点及习练要领 ······························ 87
第三节 八极拳基本技法 ··· 90
第四节 八极拳基本套路的教与学——八极拳小架十五式 ··············· 95

第六章 体用兼备——劈挂拳 ··· 108
第一节 劈挂拳历史溯源 ··· 108

第二节 劈挂拳的内容、风格特点及习练要领 …………………… 110
第三节 劈挂拳基本技法 …………………… 112
第四节 劈挂拳基本套路的教与学——劈挂拳精要十八式 …………………… 119

第七章 善之善者——翻子拳 …………………… 130
第一节 翻子拳历史溯源 …………………… 130
第二节 翻子拳的内容、风格特点及习练要领 …………………… 131
第三节 翻子拳基本技法 …………………… 134
第四节 翻子拳基本套路的教与学——翻子拳精要十六式 …………………… 141

第八章 武之尊者——中国短兵 …………………… 151
第一节 短兵历史溯源 …………………… 151
第二节 短兵运动特点 …………………… 153
第三节 短兵基本技法 …………………… 155
第四节 短兵的辅助训练方法 …………………… 167

参考文献 …………………… 173

第一章 武术概论

中国武术作为中国文化的一个组成部分,是中华民族身体文化的一个突出表现。作为一种文化活动和文化现象来说,中国武术依赖中国文化的整体发展;而作为一个文化符号和技术模型来说,它又集中地体现了中国文化的整体特征。在中国文化史上,无论是魏晋南北朝时期出现的文学自觉意识和玄佛合流,还是汉代经学、宋明理学和五四以来开始的新文化运动所表现出的文化交汇、冲突与新的综合,都给中国武术的理论和实践留下深刻的印记。

中国传统哲学倡导以重和谐、重整体、重直觉、重关系、重实用为特色的思维方式,但中国古人不太重视逻辑训练,缺乏对事物概念的界定。这一点从中国古代历史上缺乏武术概念可窥一斑。而直到1840年后,随着西方文化和思想进入近代中国,国人逐渐开始用西方"体育"的视角来审视"武术",也才使得武术概念开始出现在学术的视野。

第一节 武术概述

一、"武术"称谓的历史沿革

把握"武术"的概念和历史演变,首先应当认识"武"和"术"两字的意蕴。从殷商时期的甲骨文可以看出,"武"是由"戈"(兵器)和"止"(脚趾,表示行进)两个部分组成的(见图1.1.1)。在甲骨文中,"止"这个字是有方向性的。三个脚趾所指向的就是前进的方向。从字面上看是一只脚正在奔向武器(戈)。因此,其造字本义为"肩扛兵器,出征作战"。金文、篆文承续甲骨文字形。《春秋元命苞》:"武者,伐也。"朱芳圃释卜辞武:"戈,兵器;止,足趾,所以行走,象挥戈前进也。"所以"武"的本义是武装自己的意思。因此,《现代汉语词典》对"武"解释的第一项意思就是"关于军事的(跟"文"相对)"。"术"在《说文解字》解释为"邑中道也",段玉裁对其作注曰"引伸为技术"。由此可见,"武术"一词的原始意义应为手执武器搏杀格斗的方法或技巧。

图 1.1.1

从历史上看,虽然"武术"一词出现较晚,但与武术相关的词却在历史上出现很早。比如"技击"一词,从目前的文献看最早出现在《荀子·议兵篇》。荀子(约公元前 325 年—约前 235 年)说:"齐人隆技击,得一首者,则赐锱金。"但这里的"技击"也不是现代意义上的技击,而是指战国时期齐国所实行的与魏国的"武卒"、秦国的"锐士"并列的一种兵制。也有学者认为,最早关于武术的史料记载见于《诗经》《礼记》等,如《诗经·小雅·巧言》云"无拳无勇,职为乱阶"。但其实不然,《诗经·小雅·巧言》原文为:"彼何人斯,居河之麋;无拳无勇,职为乱阶。"其中的拳勇也不是我们后来认为的拳法和技击术,而是"武力"和"勇气"之意。

汉代出现了"武艺"一词。据《汉书·艺文志》记载,兵家又分为兵权谋家、兵形势家、兵阴阳家和兵技巧家四类。其中"兵技巧"除"蹴鞠"共 25 篇为古代一种球戏外,其他均为武术著作,但大多为射法和器械用法。而《汉书·艺文志》云:这些著作都在于"习手足,便器械,积机关,以立攻守"。由此看来,拳法与器械的重要内容,至少到汉时已基本成型。而清代《古今图书集成·闺奇部列传》载:"关索妻王氏,名桃,娣悦。汉末时人,俱笄年未字,有膂力,精诸家武艺。"所谓"诸家",即是不同的流派,但这里的"武艺",则主要指军事器械的技艺。此外,《三国志·蜀·刘封传》有"武艺气力过人"的记载。明戚继光在《纪效新书·禁令篇》曰:"凡武艺,不是答应官府的公事,是你来当兵防身立功杀贼救命本身上贴骨的勾当……若不学武艺,是不要性命的呆子。"由此可见,"武艺"的名称最早始于汉代,自汉以后一直沿用。

从目前史料看,"武术"一词最早见于南朝。南朝人颜延之的四言诗《皇太子释奠会作》曰:"国尚师位,家崇儒门,禀道毓德,讲艺立言……偃闭武术,阐扬文令。"这里的"武术"一词则泛指军事,并不是现代意义上的武术。而现代意义上的"武术"一词最早出现在清人徐珂辑撰的《清稗类钞·战事类》:"咸丰庚申,英法联军自海入侵,京洛骚然。距圆明园十里,有村曰谢庄,环村居者皆猎户。中有鲁人冯三保者,精技击。女婉贞,年十九,姿容妙曼,自幼好武术,习无不精。"也有学者认为,"武术"一词大约起于清末,并称1908年7月《神州日报》上的《论今日国民宜案旧有之武术》一文,是目前所见到的最早记载。

与"武术"相近的"国术"一词,则是民国时期对以武术为主体的民族体育的官方称谓。民国十六年(1927),张之江正式向国民政府申请改"武术"为"国术",第二年三月国术馆宣告成立,"国术"一词逐步通行天下。

中华人民共和国成立后,正式使用"武术"一词。1952年6月24日,荣高棠在《为国民体育运动的普及和经常化而奋斗》报告中,运用了"武术"一词。1958年9月8日在北京举行了全国武术运动大会,其后成立了中国武术协会。此后"武术"一词沿用至今。

二、"武术"和"传统武术"的概念释义

辩证唯物主义认为,概念是人们对事物本质的一种认识,是一种抽象的逻辑思维形式,是对事物进行判断、推理和论证的逻辑起点。经验和逻辑是人类思维的两种形式。古希腊以后的西方文化注重逻辑思维,而中国传统思维形式具有经验性的特征,它以经验作为一切思维活动的起点和基础,中国古人并不注重概念这一抽象的思维。金岳霖认为:"没有明确的概念,就不会有恰当的判断,就不会有合乎逻辑的推理与论证。"对武术概念的种种界定,也是人类逻辑思维和认识不断演进的结果。

在中国,作为搏击术的武术,起源可以追溯到原始社会,其与人类的生存竞争和原始战争是分不开的,在这一点上,中外武术起源基本相同。而对中国武术概念的探讨则肇始于20世纪30年代,此后在不同的历史时期都有一些学者或官方对武术的概念进行过理论阐述或界定。归纳下来,大体有如下几个阶段和版本。

1932年颁布的《国民体育实施方案》中,涉及武术概念的论述:国术是我国民族固有之身体活动方法,一方面可以供给自卫技能,一方面可作锻炼体格之工具。20世纪初,民族国家和现代国民意识逐渐在我国形成,而现代体育在这个过程中发挥了重要的作用。从严复、梁启超到孙中山、毛泽东,都非常强调体育对培养有健康身体和顽强意志的现代国民的作用。此外,鉴于当时中国的民族危机日益深重,在"强国强种、御侮图存"的爱国精神影响下,也引发了体育的兴起。当时体育是作为"强国强种"和"复兴民族"的工具应运而生的。而这个概念则反映出,人们开始在肯定武术的技击功能的同时,也已经开始从身心锻炼等方面来关注武术的体育价值。

1943年《中央国术馆成立十五周年纪念宣言》中认为:"所谓民族体育者,即我

国固有之武术也……不独在运动上具相当之价值,且对于自卫上有显著之功效。"当时的社会背景并没有发生根本变化,强身健体、保家卫国依然是时代的主题。而这个概念也延承了30年代的观点,肯定了武术的民族体育特性和防身自卫功能。

1957年3月16日,原中央国术馆馆长张之江先生在全国政协二届三次会议上作了"不要忽视国术的研究整理工作"的发言。他指出:"中国武术是中华民族几千年来最主要的体育活动方式,这个体育活动方式,在民族健康上、民族自卫上以及在民族医学治疗上,都曾发生过很大的作用和效果。"同年,在北京举行的一次关于武术性质问题的讨论,与会者一致认为武术是具有健身、技击、艺术成分的民族形式体育之一,它能锻炼身体、提高身体素质、培养思想品质。这里的概念明确将体育作为武术的本质属性,而且指出武术的功能从防身自卫、强身健体扩展至艺术审美、医疗健身和培养思想品质等方面。

1961年首次出版的体育院系武术教材,将武术定义为:"武术是以拳术、器械套路和有关的锻炼方法所组成的民族体育形式。它具有强健筋骨、增进健康、锻炼意志等作用,也是我国具有悠久历史的一项民族文化遗产。"这个概念延续武术的体育属性特点和诸多功能,强调了套路而忽视了武术技击特点。

1978年第二版本的全国体育院系通用《武术》对武术重新做出了定义:武术"是我国(传统)的体育项目之一,是以踢、打、摔、拿、击、刺等格斗动作为素材,按照动静疾徐、攻守进退、刚柔虚实等矛盾相互转换的规律进行格斗或编排的徒手与器械套路的演练"。显然,这个概念延续了1961年的思路,仍然将武术限于各种套路,而对技击关注不够。

1988年12月,中国武术研究院召开研讨会,曾将武术的概念界定为:"武术是以技击动作为主要内容,以套路和格斗为运动形式,注重内外兼修的中国传统体育项目。"此定义言简意赅,既突出了武术的民族传统和体育特征,又兼顾了武术技击特性,并指明内外兼修的外延功能,因此广为接受。但也有学者认为,该定义将武术功法排除在外,这是对武术界定的缺憾,因为"练习武术,于拳脚器械之外,更须注意软硬功夫",这是前人普遍的一个习武观。

2009年7月9—11日,国家体育总局武术运动管理中心在少林武术的发源地河南登封召开的"武术定义和武术礼仪研讨会"上,关于武术定义的研讨又得出了新的表述:"武术是以中华文化为理论基础,以技击方法为基本内容,以套路、格斗、功法为主要运动形式的传统体育。"同年,北京市率先把武术列为中小学必修科目和必考科目。可以看出,此次概念的修订,增加了"以中华文化为理论基础",反映了新时期武术发展的时代背景,并且拓展了武术内容的外延。但也有学者对武术的新定义提出质疑,认为"武术并非中华文化影响下的唯一产物,武术的理论基础本身含糊不清","新定义突出文化性的同时也附带着文化神秘性"。

这里我们不打算对武术做出新的定义,但对以上这些概念进行分析归纳后,至少可以得出以下几个结论:

(1)以"技击为主要内容"是武术的本质特征或属性;而套路、攻防格斗和功法练习则是其活动形式。

(2)武术概念变迁体现出武术被不断体育化的特征,如武术被作为强身健体、培养意志品质的手段。

(3)武术具有一些非本质的功能,如保健医疗、愉悦身心、艺术审美、医疗健身等。而这既是中国体育现代化演进的结果,也反映了武术不断与国际接轨的需要,以及武术作为中国传统文化在国家教育和文化事业发展中的地位变化。

那么,什么又是"传统武术"呢?简单地讲,传统,是指世代相传、从历史沿传下来的思想、文化、道德、风俗、艺术、制度以及行为方式等,对人们的社会行为有无形的影响和控制作用。传统是自然而然的,是在长期生活中潜移默化和被逐步规范的。当然,传统也不是一成不变的,特别是在国家、民族激烈动荡的时代,从内外两方面对传统进行着冲击,并使其发生某种改变。任何关于传统的问题,都应该是建立在时空范畴内的问题。因此,有些学者认为,"传统文化即是死的文化,是一个过去式,而文化传统是活的文化,是一个现在将来式"。也有学者认为,"所谓传统文化不仅仅意味着'过去存在过的一切',其更深层含义在于是肇始于过去、融透于现在、直达未来的一种意识趋势和存在"。

"传统武术"这一概念出现在近代,特别是新中国成立以后发展了武术套路和散手比赛,出现了"现代武术""竞技武术"等称谓之后才得以形成;在这一时间段之前,中国武术的形成发展过程基本上是中国传统武术形成的过程;而这一时间段之后,中国传统武术的形成发展过程呈现出了新的变化。因此,学界把这一时间段以前的武术形式界定为传统武术。

目前对于传统武术的定义说法不一,因对武术的内涵与外延强调不同,得出的结论也各有不同。2000年9月17—20日,在国家体育总局武术运动管理中心召开的"全国传统武术工作座谈会"上,与会代表一致认为"传统武术"是指"竞技武术以外,具有'流传有序,体用兼备,理法势齐全'的武术拳种"。

三、中国武术的特点

当审视世界技击类运动时,我们会发现世界各地、各民族几乎都有自己的"武术"运动,只是称谓不同而已。"技击性"不应只是中国武术的特征,因为仅这一点很难区分中国武术与其他地域、民族的武技运动。中国武术是在中华文化的滋养下,在特定的历史条件下,经与宗教、艺术、哲学、宗法风俗等相互结合的产物。我们大体可以将其特点归纳如下。

1. 以拳种形式存在,门派众多

《中国武术大辞典》对拳种的界定是"指流传有序,内容系统,独具运动特点的武术拳术,如查拳、翻子拳、六合拳等"。现存的"历史清楚、脉络有序、风格独特、自成体系"的拳种约有130种之多。所以说,从一定意义上讲,中国武术的基本特征之一就是拳种繁多、门派林立。如果没有众多拳种的支撑,中国武术也就失去了它存在的依托和魅力,而中国武术的拳种化发展,可以说是人类单纯技击活动向文明理性发展的一次转型,也是武术自身适应历史变化的结果。

从文献记载看,宋以前中国武术技术粗糙,仅以刀、枪、棍、拳等分门别类,尚处于以军事技术为主的不发达状态。唯一的例外是剑。《汉书·艺文志》便有《剑道》38篇。很可能先秦至魏晋期间,剑术便形成了众多的流派。但剑术的形成、成熟却主要与贵族佩剑、习武有关,和军阵似乎无涉(军事武艺没有促进流派的出现)。从明代开始,诸家拳术与器械门类才大量出现。而且,就拳法门类而言,"明代各家拳法,多是以单一的擅长技法分门",戚继光的《纪效新书》卷十四《拳经捷要篇》列举有十六家:宋太祖三十二势长拳、六步拳、猴拳、囮拳、温家七十二行拳、三十六合锁、二十弃探马、八闪翻、十二短、吕红八下、绵张短打、巴子拳、李半天之腿、鹰爪王之拿、千跌张之跌、张伯敬之打。此外,明嘉靖时人郑若曾在《江南经略》一书中记载了当时流行的拳法十一家、棍法三十一家、枪法十六家、刀法十五家、剑法六家、杂器械十家、钯法五家、马上器械十六家。仅以拳法为例,《江南经略》载:赵家拳有赵太祖神拳三十六势、芜湖下西川二十四势、抹陵关打、朝童掌拳六路;南拳有似风、似蔽、似进、似退共四路;北拳有看拳以下共四路;又有西家拳六路、温家钩挂拳十二路、孙家劈挂拳五十三添等。郑若曾声称:这些武术"各有专门、秘法散之四方","教师相传,各臻妙际"。明朝的拳法有非常明显的单一技法(如腿、拳)。比如"赵太祖拳多用腿,山西刘短打用头肘六套,长短打六套用手用低腿"等,而有的拳种更是直接以技法特点冠以名称,如二十四寻腿、三十六合锁;或者以姓氏命名,如刘短打、孙家劈挂拳、温家钩挂拳等。戚继光曾对当时偏善一技的各家拳法以"踢、打、跌、拿"四大类技法进了归类论述:"腿可飞腾,而其妙也(踢);颠起倒插,而其猛也(跌);披劈横拳,而其快也(打);活捉朝天,而其柔也(拿)。"

而拳法的演变则大体经历了一个由单一的"擅长技法分类"到"兼而习之"的转变。明代后期,一些武术家就提出了"兼而习之"的观点。如唐顺之说:"故拳家不可拘泥里外圈,长短打之说,要须完备透晓,乃为作手。"戚继光也曾提出应"以各家拳法兼而习之",他选择了当时民间十六家拳法中的"善者",编成了三十二势拳法。

这三十二势不是孤立的,而是"势势相承,遇敌制胜,变化无穷",构成了中国武术的一个鲜明的特点。

2. 内容丰富,习练形式多样

中国武术的习练形式、内容丰富多样,有竞技对抗性的散手、推手、短兵,有适合演练的各种拳术、器械和对练,还有与其相适应的各种功法训练方法。不同的拳种和器械有不同的动作结构、技术要求、运动风格与运动量,分别适应不同年龄、性别、体质的习练者需求。人们可以根据自己的条件和兴趣爱好进行选择练习,同时它对场地、器材的要求较低,俗称"拳打卧牛之地",练习者可以根据场地的大小变化练习内容和方式,即使一时没有器械也可以徒手练习、练功。一般来说,受时间、季节限制也很小。较之不少体育运动项目,中国武术具有更为广泛的适应性,其能在民间历久不衰,广为流传,与这一特点不无关系。利用这一特点可为现代群众性体育活动提供方便,使武术进一步社会化。此外,中国武术具有强体健身、防身自卫、修身养性、娱乐身心等方面的作用,是增强全民体质、振奋民族精神的有效手段之一。

3. 内外合一,形神兼备

所谓"内外",就人体结构而言,"内"指内脏器官,"外"指形体四肢;就行为而言,"内"指神、意、胆等无形的心理品质,"外"指手、眼、身、法、步等有形的动作特征;就性质而言,"内"指精、气等无形物质,"外"指力、功等外在表现。武术劲力是靠以意领气,以气催力来实现。手、眼、身、法、步形体动势是内在精、气、神的反映,形与神、内与外是相互联系的统一整体。中国武术(以下文中的武术皆指中国武术)"内外合一,形神兼备"的特点主要表现在以下两个方面。

第一,是对练功的要求。武术的门派众多,各家各派都有不同的练功方法,但强调"内练精气神,外练筋骨皮","内外合一,形神兼备"则是武术各家各派的共同准则。比如,作为外家拳的少林拳要求"精、力、气、骨、神五者,必须交修互炼",内外并修,始可达到"神化之境";形意拳讲究"内三合,外三合","心意诚于中,而万物形于外,内外总是一气之流行也";太极拳"主身心合修,修炼时务须以心行气,以气运身","先在心,后在身",并提出"其根在脚,发于腿,主宰于腰,形于手指,由脚而腿而腰,总须完整一气"的理论;其他器械的练习也要求"身心相契,手足相孚",手、眼、身、心、步与器械协调配合。传统武术练功的目的不但在于"练之以筑其基,清虚其体",更主要是为技击服务,因而十分讲究"以意领气,以气催力"。

第二,是对套路表演及实战格斗的要求。武术表演时要求运动员全神贯注,手眼相随,手到眼到,手脚配合,上下协调,意识呼吸与动作配合,并要求运动员具有压倒对方的气势、神态,把内在的精神通过外部形体动作表现出来。以手、眼、身、法、步变化来表现攻防内涵,表现神的韵味。通过眼睛传神,把动作的意向和技击意表现出来。因此眼要明锐,眼随手动,目随势注,并要神领形随,形到神至。不但套路表现要求"内外合一,形神兼备",即使是实战搏斗也要求"内外合一,形神兼备"。其歌诀曰:"打法定要先上身,脚手齐到方为真","头打起,意站中央,浑身齐到人难当","手到身不到,击敌不太妙;手到身也到,击敌如砍草"。在实战搏斗中,也要靠手、眼、心、身、步的协调配合,使意识与肌体反应达到高度协调一致,才能在攻无常式、防无定式的搏斗中取胜。

4. 寓艺术化的技击于搏击和套路演练之中

套路运动是中国武术的一个特有的表现形式,不少动作在技术规格、运动幅度等方面与技击的原形动作有所变化,但是动作方法仍然保留了技击的特性。即使因联结贯串及演练技巧上的需要,穿插了一些不具有明显攻防技击意义的动作,但就整套技术而言,主要的动作仍然是以踢、打、摔、拿、击、刺诸法为主,此为套路的技术核心。

套路是中国武术技击艺术化最为重要的表现形式。中国古代把才能、技艺称为"艺"。如《论语·雍也》便云:"求也艺。"朱熹注云:"艺,多才能。"由于特殊的宗法社会结构和人伦人文传统,导致古人格外关注人的身体、生命和生活。中国文化有一种泛艺术化的倾向,使得艺术生活化、生活艺术化,艺术与生活合二为一。这里的"艺术化",不是指艺术与武术的相互借鉴,或者在武术形态中集中了更多一些的审美意识;而是指:中国武术,从来就存在一种将武术本身变成一种艺术,一种纯艺术,乃至放弃技击和体育的宗旨,一如艺术般自始至终完全追求审美价值的倾向。武术,特别是武术套路,招招式式都沉醉在"神韵"的追求中,实实在在是艺术式地专注于审美。比如,身着武术服装演练武术,体现中国古典美学的基本特征,即强调主观心灵感受,讲求写意和情感寄托;动作飘逸潇洒,意在象外,朦胧雅致,使人有情感精神无限融入的余地。

四、中国武术的技法特点

中国传统武术技法具有鲜明而浓郁的中国文化特点。归纳起来,其技法至少具有以下几个方面的特点。

1. 注重身法、手法、步法和劲法的协调统一

戚继光《纪效新书》卷十四《拳经捷要篇》言:"学拳要身法活便,手法便利,脚法轻固,进退得宜。"所谓"身法",是指以腰为轴心的形体运动方法,它是"八法"(手、眼、身法、步、精神、气、力、功)的重要组成部分之一。"手法便利"是指两手的攻防动作必须练得伸缩自如、便捷利索,而切忌僵拙,以利于劲力的发放和势法的转换。

拳谚云:"练拳不练把,等于胡乱打。""把",就是手法。所谓的"脚法轻固",则是指下肢步法灵巧而稳定。劲法则是武术运动中通过肢体运动表现出来的一种融武术技术于一体的用力方法。

传统武术强调的用身力整体来攻击,而不是臂腿的局部之力。拳谚讲,"手脚齐到方为真"。这就武术追求的整劲。而要想实现整体进击,整进整退,力量必然是整体的力量,而不是局部的发力,这就要求身法、手法、步法和劲法的协调统一。这在太极拳中就可以看出。太极拳的《拳经总歌》讲"纵放屈伸人莫知,诸靠缠绕我皆依",这两句既强调了技击的战略和战术,也指出了身法、步法和手法的协调统一在实战中的重要作用。其中,"纵放屈伸"是指身法、步法、手法在旋转中不拘方向角度或伸或屈;在劲力上,或纵或放,没有任何约束。

2. 注重实用,以巧胜出

形意拳《拳经》中讲,"拳无空出,手无空回;拳打不空回,空回不为能";"出手如飘风,收手如狡兔;出手要抖,回手要勾;出手如钢锉,回手如钩竿";"前手领,后手追,两手互换一气摧";"出手拳掌打,回手鹰爪抓,双拳密如雨,着着不虚发"。中国武术传统技击方法是出拳后随机变化,注重实用。《拳经捷要篇》讲"不招不架,只是一下",是指导传统武术技法的一句名言,也是前人对技击原则的高度总结。"不招不架,只是一下"一是指截击,一是指位移打。既然是"不招不架",肯定是对手先发制人,只是自己不招架而已。那么在对手先发制人的情况下,"不招不架"又怎么能一招胜敌呢?一是靠以快制慢或以长制短,这在截拳道中称为"截击",也就是在对手进攻的启动阶段或滞留阶段自己以更快的速度打击对手,以最长的武器攻击最近的目标,例如在对手刚要起腿的瞬间,自己以前手直拳快速打击对手脸部;在对手打出刺拳之同时,自己以前腿低角度侧踢攻击对手前腿膝盖。传统武术讲究上虚、下实、中间灵,突出下盘功夫,就势借力,防守体系严密,注意"适度、合理、可行",属技巧表现型,反映中国文化中的"巧的追求"。

3. 刚柔兼济,注重内气修炼和外力的配合

中华武术是一种讲究内外兼修、刚柔兼济的技击运动。武林中素有"北崇少林,南尊武当"的说法。而无论少林武术还是武当武术,在技法上都具有刚柔兼济与注重内气和外力配合的特点,只是偏重不同。

少林武术是在长期的僧众习武中逐渐自发形成的。从宋到元,少林武术有了较大的发展。元代福裕禅师汇集了少林短打,少林武术的特点日渐突出,到明代便形成了少林"以搏名天下"的威望。明代后期,少林武术渐从以棍法为主转向拳法,又吸收了很多民间拳种,集天下武术之大成,形成刚柔兼济尤以刚为主的少林派武术。

据明末清初黄宗羲的《王征南墓志铭》,武当派为宋人张三丰所创。武当山虽

在唐代就开始建造道观,但真正的黄金时期却是在明代。武当的武术门派,也是在那个黄金时代中产生的。武当派的功法强调内功修炼,讲究以静制动,以柔克刚,以短胜长,以慢击快,以意运气,以气运身,偏于阴柔,主呼吸,用短手。这使得武当武术在讲究刚柔兼济的同时尤以柔为主,但同样强调内气修炼和外力的配合。

再如,峨眉最初是一个由女子所创的武林门派,开始的时候叫做玉女拳法,后因祖师入了佛门,又以称女子为"蛾眉"和佛教圣地之"峨眉山"的双重含义而得名。峨眉派功法介于少林阳刚与武当阴柔之间,亦柔亦刚,内外相重,长短并用,善以弱胜强,真假虚实并用,融汇了少林、武当等众家之长,但同样注重内气修炼。

而太极拳和形意拳、大成拳等更是注重刚柔兼济、内气和外力的配合。因为受中国文化的阴阳观念影响,刚柔是相互依存相互补充的,而内气和外力同样是阴阳的两个方面。因此,武术都讲究刚柔兼济,一张一弛,内外兼修。

4. 拧走转换,旋转发力

武术讲究硬接硬格,但武术更讲究"四两拨千斤",以圆化掉对方攻来之力,旋转出拳可蓄发出更大的劲力。武谚有"对方打来身如球,拧走转换莫停留"之说。这个圆又是立体的圆。要求身体如圆球般圆化滚转,使对手难以寻找着力点击中位置。圆平滑有弹性,不易折断,所以诸多的拳种均要求出拳时手臂不可太直,肘弯要有一定弧线;许多器械的缠搅之法,实际上都是利用高速圆周运动产生的离心力,使对手器械飞脱。中国跤的"揣""抄手步别""扠闪""里手齾""跨掤""撞撮"等,多是利用"圆轮"之理。

以圆为特征和讲究旋转发力的拳有许多。比如,四川的旋虎拳,因拳路中使用虎爪旋拿、旋臂滚肘、旋腕转腰、绕转侧进,以及发螺旋劲而得名。螺旋劲是指呈弧线或螺旋状的运行轨迹的劲路,广义来说含柔化搭绕的劲路。一般螺旋劲用力要求不见得是柔化搭绕,可以是短促,快速,刚猛。常见的有硬打硬:中无遮拦的形意拳、五行拳的钻劈,以及八卦学的翻转外撑一些招法,还有少林长拳的拧腰发力,太极拳的白猿献果等都属于螺旋劲。

此外,中国武术常常强调"以步打人",即步法灵活胜人。而这个灵活,却离不开圆。比如,形意拳要求"进步退步如球之无端,又进又退如球之相连";八卦掌要求"环环相扣,势势相连","如机轮之循环无间也"。

第二节　武术的起源、发展和演变

从发生学的角度看,武术的演进是先有器械再有拳术。武术或传统武术的划分则是先以器械划分门派,比如,岳家枪、少林棍、武当剑。春秋战国时期最具代表性的武术项目就是剑术,而且当时已经有了职业的武术家。然后,才发展到以徒手的拳种来划分门派的阶段,比如,少林拳、劈挂拳、八极拳。其后才是以刚性和柔性来划分拳种的阶段,比如,太极拳、形意拳、八卦掌等拳种在明清时期的出现。

一、武术的起源

武术的起源或原始武术的萌生大体可以分为早期与晚期两个阶段。武术的萌生始于原始社会。原始社会的中华民族处在一个生产力十分低下的社会环境中。《韩非子·五蠹》中记述:"上古之世,人民少而禽兽众,人民不胜禽兽虫蛇。"为了生存,原始祖先必须同恶劣的自然环境作斗争,除了使用一些简单的工具外,还必须依靠自己的徒手技能来捕杀野兽。在云南的沧源崖画上,就描绘有原始人与野兽搏斗的场面。因此,确切地讲,早期的原始武术形态应该是人类的搏击技能和作为本能的攻击性行为的混合形态。但有学者认为,基于原始生存竞争的人与兽斗的搏杀技能不应归为武术技能,真正"催生"武术技能出现的应是人与人之间的搏杀格斗;原始的争斗和部落之间的战争,则对促进原始武术的形成发挥了重要的作用。而从武术起源的阶段上看,军事战争对武术萌生发挥作用或原始武术与军事武艺的混杂阶段,应归为武术萌生的后期(见图1.2.1)。

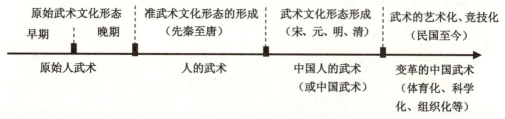

图 1.2.1 中国武术的演变阶段划分及其特征

二、武术体系的初步形成及其成因

中国武术体系成型的重要标志之一,就是脱离军事武艺而成为一个相对独立的文化形态。在漫长的历史发展过程中,武术最本质的特征就是技击,其主要目的是服务战争和满足防身、自卫的需要,这也正是武术最初的价值和功能。春秋战国时期运用于阵战的军事武艺,伴随着政治、经济、文化等社会形态的变革,开始突破单一的军事功能的局限,从技术到组织,从形式到思想,均发生了极大的变化,使它从较为质朴单纯的军事武艺演变成具有表演性、竞技性、娱乐功能的独立文化现象。

从历史源头来看,军事武艺是武术的一个主要文化源头,但两者并不是对等关系。如前所述,原始武术是军事武艺、武舞、巫术等混杂的一种文化形态。虽然春秋战国时期由于战争空前扩大和统治阶级的重视促使军事武艺得到空前发展,但直到以个体性为特征的"两两相当"的武技活动的出现才真正标志着武术雏形形成。而剑和斗剑之风的盛行则成为这场变革的主角。一种不同于军事武艺的"两两相当"式的斗剑之风在春秋战国时期兴盛起来。《战国策》记述:"吴王好剑客,百姓多创瘢。"《庄子·说剑》对当时的斗剑活动进行了较为详细的描述:"昔赵文王喜剑,剑士夹门而客三千余人,日夜相击于前,死伤者岁百余人,好之不厌。"而来自国家的政令推广则极大地推动了剑的普及和斗剑的盛行。除剑之外,一些"两两相当"的徒手搏斗活动也开始出现。

此外,武术体系在这一时期(春秋战国)初步成型的另一个重要的标志则是武术理论的出现。当时的武术理论大体可以分为两类:一类是对技击方法进行的描述和总结。如《荀子·议兵》篇云:技击中,"手臂之捍头目,而覆胸腹也,诈而袭之,与先惊而后击之一也"。再如《庄子·人间世》中说道:"且以巧斗力者,始乎阳,常卒乎阴,泰至则多奇巧。"另一类是注重内涵的哲理化趋向和注重武技之道的理论著作。《吴越春秋·勾践阴谋外传》中记载的越女关于"手战之道"的著名论述,堪称中国古代武术理论中的经典之言。

三、中国古代武术的发展与演变

1. 秦、汉、三国时期的武术

武术在秦、汉、三国时期的发展出现以下特点:武术活动丰富多样,并逐渐呈艺术化发展趋向;剑在军事武术的重要地位逐渐被刀所取代;出现了以口传身授的"技法"为特征的专门性武术著作;战争方式的变革与兵械活动内容逐渐丰富,徒手搏杀与器械类的武技内容和形式逐渐丰富起来。徒手类的武技活动以"两两相当,角力角技艺"为特征的角抵最为代表。除了徒手的搏击活动外,汉朝、三国时期的武术器械也较秦之前丰富,且发生了很大变化。就长兵器而言,戈戟逐渐被矛所取代。这种变化是由作战方式决定的。战国后期,步战逐渐代替车战,矛的直刺优势得到进一步显现。这个时期的武术理论在前代的基础上更为丰富,且内容更为明确。这一时期出现了专著形式的武术理论。班固的《汉书·艺文志》把当时存在的兵书分类归纳为《兵权谋》《兵形势》《兵阴阳》和《兵技巧》。其中,《兵技巧》列载了《剑道》38篇和《手搏》6篇。《手搏》是拳法专著,而《剑道》则无疑是剑术专著。《兵技巧》所列的这些著作是今天所知的最早的武术专著。由此可见,早在汉代,中国武术便已有上升到理论高度的技术内容。

2. 魏晋南北朝时期的武术

娱乐性是中国武术的一个重要特征,魏晋南北朝时期武术的娱乐表演性特点得到了较大的促进。早在先秦时期,武术就不断汲取舞蹈、戏剧等文化形式的滋养,本身就具有较强的表演性和娱乐性。周代就有笼统而称的武乐,是颂扬武功的舞乐。以后每个朝代兴起,一般都有歌咏武功的"武德舞",多用于宗庙祭礼的雅舞,这些都是歌、舞、武、乐的结合。比如,《汉书·礼乐志》载:"《武德舞》者,高祖四年作,以象天下乐已行武以除乱也。"

魏晋南北朝时期,搏击性的武术有意识地与娱乐相结合是当时武术的显著特征。徒手拳搏与角抵等活动,日益成为人们特别是王公贵族们观赏的内容。而这一时期表演性的武术器械活动,在形式上和内容上,都较之前有了多方面的发展。比如,晋代文学家傅玄写的《矛俞》和《剑俞》两首诗。根据宋人郭茂倩的《乐府诗词》中引《唐书·乐志》云:"俞,美也。"显然,所谓"矛俞""剑俞",即是对矛舞和剑舞的赞美诗作。这个时期的武术表现出艺术化的倾向与整个时代的背景和文化转向有关系。有学者甚至认为,魏晋时期文学艺术中对武功的表现,实现了从武力崇尚到艺术表现的历程。

武术套路演练的雏形在这一时期开始出现。这一时期,近似于武术套路的器械表演还有很多,如刀楯表演、马槊表演、刀剑表演等。人们根据在实战中积累起来的丰富经验,把那些重要的招式动作连贯起来,并配以相对应的口诀等进行套路化的演练。虽然暂无资料直接证实这是否为套路,但至少反映了这类表演活动与后来出现的武术套路有着许多相近的文化特征。

另一个值得注意的现象,就是武术与宗教,特别是与禅宗在这个时期结下了不解之缘。由于战乱频繁,尚武成为社会需要,寺院开始习武,不少寺院拥有一定数量的武装力量。由于帝王崇佛,多有赏赐,许多寺院拥有田产及大量财产。因此,当时习武的重要原因之一就是保护寺院财产。而由于南北朝时期寺庙已开始习武,佛教与武术产生了一定的联系,少林武术便是在那样的历史背景下发端的。印度高僧佛陀扇多(亦称跋驼)深受魏孝文帝崇信。孝文帝迁都洛阳,于北魏太和十九年(495)为佛陀禅师于嵩山建少林寺。目前,关于"少林寺武功的发端是否为建寺之初"尚存异议。但有一点可以明确的是,少林寺的创始人及其弟子的尚武习武经历对在少林寺这一宗教环境中形成尚武传统有很大意义。少林首任主持佛陀之徒稠禅师武艺非凡,在少林的建寺早期就开始与同伴习练角力,相互斗拳,少林寺的习武之风由来已久。

此外,少林寺作为禅宗的发源地,少林习武除因前述乱世等主要因素外,与禅宗亦有一定的关系。禅宗往往注重利用日常生活的一些动作、话语和身体修行来启发悟性。而武术招式的示范、传授和习练也是要悟性的,在这一点上与禅宗修习有共同之处。因此,武术把佛教修行中的禅定方法移植过来作为自己的一种内功修炼方法。把禅定作为内功,通过禅定这种内功的修炼来逐步彰显自己的超验心①即般若智慧,开发武术训练的潜能。可以说,禅宗是一种修练,而习练武术也是一种修练的过程,两者有不少相似相通之处,因此,也俗有"禅武相通"之说。

3. 隋唐五代时期的武术

隋朝和唐初推广的府兵制跟武则天时期设置的武举制,推进了武艺的普及和进步。隋唐两代在对原有的府兵制度进行改革的同时,都重视府兵的训练。在唐代,特别注重府兵的训练,如有"教习不精者,罪其折冲,甚至罪及刺史"。但从考核的内容和要求上看,其并不完全等同于武术,更大程度上体现了适应战场需要的军事武艺。

尚武崇侠成为这一时期的普遍风习。"侠"在中国历史上有着深厚的文化底蕴,它既体现为"以武犯禁"的"武"的基本特征,同时又显映出"救人于厄,振人不赡""不矜其能,羞伐其德"的"义"的道德风范,从而成为中国古代文化中一种理想人格模式。魏晋南北朝一个值得注意的社会现象,便是上流社会人物纷纷弃文就武,这显然是由于社会的大动乱促成的。而这一特点在唐代则更显得突出。诚如唐人崔融所说,侠风所向,诸豪们"轻死重义,结党连群,暗鸣则弯弓,睚眦则挺剑"。更多的人通过对"侠"的赞赏来表达一种情怀,一种希冀建功立业的精神寄托。这一情形可以从当时的诗歌中显现出来。比如初唐四子之一的骆宾王《畴昔篇》中就有:"少年重英侠,弱岁贱衣冠。既托寰中赏,方承膝下欢。"唐代这种普遍的重武尚侠风气和唐代较开明的政治制度不无关系。唐代虽然禁兵器,但像弓箭、刀盾及短矛等是允许私家所有的。

此外,"侠"作为一种时尚和享乐消遣的生活方式,在这一时期进入了上层社会的文化圈,游侠也就成为贵族文化的一个部分。侠的特质——侠义思想、复仇意识和尚武精神,在这里完全被阉割了,侠也转变成为非侠。隋唐上层社会,侠已经完全雌化了。但侠的主流却在隋唐大众社会的底层缓慢而有序地成长。与魏晋相

---

① 经验心:人用感官直接获得对客观事物的认识,有直接经验和间接经验两种;超验心:超出一切可能的经验之上,非人的认识能力可以达到,多存在宗教和艺术领域。以"死亡"为例,可以通过经验心和超验心两方面理解。一方面,从经验心的角度,因为我们看到过别人死去的样子或是读过相关方面的材料,理解死亡。另一方面,从超验心的角度,作为活人的我们任何人都无法真正体验,可这个死亡对每个人来说是必然的事实。

比,侠的大众社会的基础已经大大扩展了,加入了许多新的社会成分。

唐代的武术器械也成为这个时期武术发展的一个鲜明特点。隋唐以前,剑基本上已退出了大规模的军事战争舞台,一方面作为强身自卫之兵,另一方面沿着一种与舞相结合的方式,继续向前发展。这个时期的剑技发展主要体现在艺术化的或与"舞"结合的演练方式上。艺术化的剑技活动,唐代以前不乏记载,而进入唐代,则达到了一个相当高的水平。唐代文宗时候,以李白的诗、裴旻的剑舞和张旭的草书为"三绝"。唐代宫廷中的一种剑舞形式就是"剑器"舞,人们在品读杜甫的《观公孙大娘弟子舞剑器行》一诗时,不难领略到诗人笔下那倏忽多变的剑舞之技。此外,刀作为南北朝以后军队中的主要武器装备,在唐代得到了进一步的细化。后世统称的唐刀有四种,其中仪刀、障刀、横刀都是短兵,按照使用的不同划分为礼仪刀和战斗刀两种。

4. 宋元时期的武术

宋朝是中国古代历史上商品经济、文化教育、科学创新高度繁荣的时期。宋时出现了宋明理学,儒学得到复兴,科技发展迅速,政治也比较开明。为此,中国现代历史学家、古典文学研究家陈寅恪先生曾说:"华夏民族之文化,历数千载之演进,造极于赵宋之世。"宋元时期是中国武术的成熟期,其特点主要表现在以下几个方面。

首先,宋朝实行募兵制,大大削弱了地方割据势力的军事威胁,并且实行了一系列限制武将的种种措施,从而导致了整个社会崇文抑武的风气盛行。

其次,宋代史料中正式出现了有关武术"套子"的记载。"套子(路)"是中国武术最具意义的活动形式,它的出现,表明武术发展的成熟。宋代套子武术的表现形式多种多样。由于宋时城市的繁荣,商业区出现了大量的前代所未有的固定的游艺场——瓦子勾栏,利用套子武术把那些刚劲勇武又富有曲折变化的特点来吸引市民观看。这些内容在当时逐渐成了市民所喜爱的文化活动之一,所以这种活动方式也逐渐固定下来,并成为武艺人谋生的行当。在这个过程中,人们的武术观念也在发生变化,即不仅仅把武术看成一种军事技能,而且列入了大众生活的内容之中。

最后,乡村结社组织在这一时期,特别是宋代普遍出现,为民间武术活动提供了广泛的组织基础。与此同时,宋代民间出现了有组织、有规则、有奖品的拳棒擂台赛,这种赛事模式是前代所鲜见的,它推动了对抗性的武技发展。拳术格斗比赛从周代即已出现,《礼记》中就提到:"孟冬之月,天子乃命将帅讲武,习射御角力。"自此后一直到宋代的两千多年中,这种比赛变换过诸如"搏""相搏""手搏""角力""抵""角抵""扑""相扑"等名称,内容也有变化,但朝野始终趋之若鹜,其作为武术发展中心的位置一直没有偏移。以擂台为中心,擂台的吸引,公开化的检验,武术家们为适应擂台中心的横向交流,使得武术得以突破宗法和宗法组织的限制,在民间快速发展,而这也为明代武术流派扩展奠定了社会基础。

5. 明清时期的武术

在中国武术史上,有"明成清盛"一说。亦即武术运动形成于明朝,发展鼎盛于清朝之意。明朝以前,中国武术以军阵冲杀格斗技术为主体内容,训练以兵器实用技法为主导,拳术比例所占很少。故只有武术之名之用,而无武术体育之形之体。明朝以后,由军旅武术流入民间而形成的民间武术,受到了儒、释、道等传统文化的影响和渗透,促进了武术运动的多样化发展。这一时期的武术发展呈现出三个主要的特点。

其一,中国武术门派大量涌现。从文献记载看,宋以前中国武术技术粗糙,仅以刀、枪、棍、拳等分门别类,尚处于以军事技术为主的不发达状态。唯一的例外是剑,《汉书·艺文志》便有《剑道》38篇。很可能先秦至魏晋期间,剑术便形成了众多的流派。但剑术的形成、成熟却主要与贵族佩剑、习武有关,和军阵似乎无涉(军事武艺没有促进流派的出现)。武术在宗族内部、结社组织内部、师徒间狭小范围和纵向的传播,使武术大树伸出的根须,互不相连地越伸越远,终于形成众多的门派。从明代开始,武术门派(流派)开始大量出现。

其二,中国武术理论体系框架基本形成。中国古代武术论著的发展过程大体经历了先秦、秦汉至宋元、明清三大阶段。明清之际,社会形势发生了根本的转变,使得古代武术论著的发展进入一个巅峰时期,涌现出大量的极富价值的武术论著。比如《武编》《武备志》《剑经》《纪效新书》《耕余剩技》《手臂录》《内家拳法》《苌氏武技书》《太极拳论》《拳经拳法备要》等。

其三,出现了练功、单舞和对搏并重的演练方式。其主要标志是形成了功法、格斗、套路相并重的武术运动形式,摆脱了军旅武术只以搏斗为主,排斥套路练习的单一军事目的。这一武术训练体系的形成,明代军旅武术家戚继光可谓是功不可没。"舞对合彀"一说,出现在戚继光《练兵实纪》卷四。所谓"舞对",乃指两种有机的习武形式:单练为"舞",两两击打为"对";"合彀"这里指相互为用之意。这里"舞"其实就是武术套路的演练,"对"则是攻防的格斗训练或实战。它精辟概括了传统武术"打练合一"的习武方式。戚继光在《拳经捷要篇》中创编的"三十二势"拳法套路,可谓是军旅武术与武术体育剥离的首创。

其四,出现了一批以太极拳、形意拳和八卦掌为代表的植根传统哲学,融导引吐纳、中医医理与武术于一体的柔性拳种。其中,宗教对武术的影响功不可没。在中国历史上,通常认为宗教中与武术最密切的是佛教(少林寺),其实佛教并未真正渗入武术文化的内核,真正对武术文化发生深刻影响的是道教,道家的思想促进了中国武术的发展。明清时期,我国武术文化出现了一个繁荣阶段,以道家思想为代表的中国传统哲学思想对其发展起到了极大的理论支持作用。

道教是我国土生土长的宗教,有着深厚的文化渊源,它在汉末形成,魏晋时期有了巨大的发展。它以老庄哲学为思想渊源,继承先秦神仙传说与导引养生方术,以"道"与"德"作为信仰和行为准则,以清净为宗,以虚无为体,以柔弱为用。在思想上,中国武术的"因敌变化""以静制动""以柔克刚"等思想,均与道教阴阳辩证观、五行生克观来自同一渊源。因此,武术的技击理论原则与道教的太极、八卦、五行等理论一致。明清时期的武术汲取了道家养生的思想方法,使武术具备了内功修炼体系。

太极拳在明末清初的出现,一定意义上讲就是宗教、养生方术与传统武术结合的结果。目前学术界基本认同,各式太极拳源自陈式太极拳,即陈王廷创拳之说。总的来说,太极拳的来源有三个方面:①综合吸收了明代名家拳法。明代武术极为盛行,出现了很多名家、专著和新拳种,太极拳就是吸取了当时各家拳法之长,特别是戚继光的三十二势长拳而形成的。②结合了古代导引、吐纳之术和中医经络学说。太极拳讲究意念引导气沉丹田,讲究心静体松重在内壮,所以被称为"内功拳"之一。③运用了中国古代的阴阳学说和中医经络学说。以古代朴素辩证唯物主义的阴阳五行学说和道教、太极八卦等理论为哲学基础,使太极拳蕴含着丰富的中国传统文化和传统哲学思想。

第三节 武术的流派和分类

一、武术流派

武术流派(或称"武术门派"),汉语语境主要指武术按传承起源进行分类的总称,简称"门派""流派"。中国武术的门类繁多,可以按地域、传承与起源、技巧(套路)特点等方式进行分类与命名。早期多把武术分为南、北两派,或者分为内、外两家,内家以太极、形意、八卦三门为代表,外家统称少林,分南北两大流派。

二、武术的分类

中国武术按其运动形式可分为套路运动和搏斗运动两大类。套路运动是以技击动作为素材,以攻守进退、动静疾徐、刚柔虚实等矛盾运动的变化规律编成的整套练习形式。套路运动按练习形式又可分为单练、对练和集体演练三种类型。

单练包括徒手的拳术与器械；对练包括徒手的对练、器械对练、徒手与器械对练；集体演练分徒手的拳术、器械或徒手与器械。

1. 单练

（1）拳术。拳术是徒手练习的套路运动。主要拳种有长拳、太极拳、南拳、形意拳、八卦掌、八极拳、通背拳、劈挂拳、翻子拳、地躺拳、象形拳等。

长拳：是一种姿势舒展、动作灵活、快速有力、节奏鲜明，并有蹿蹦跳跃、闪展腾挪、起伏转折和跌扑滚翻等动作与技术的拳术。主要包括拳、掌、勾三种手形，弓、马、仆、虚、歇五种步形，一定数量的拳法、掌法、肘法和屈伸、直摆、扫转等不同组别的腿法，以及平衡、跳跃、跌扑、滚翻动作。长拳技术以姿势、方法、身法、眼法、精神、劲力、呼吸、节奏为八要素。长拳套路主要包括适应普及的初级套路、中级套路，以及适应竞赛的规定套路和自选套路。

太极拳：是一种柔和、缓慢、轻灵的拳术。它以掤、捋、挤、按、采、挒、肘、靠、进、退、顾、盼、定为基本十三势。其动作柔和缓慢，处处带有弧形，运动绵绵不断，势势相连。传统的太极拳有陈式、杨式、吴式、孙式和武式等较有影响的流派。各式太极拳又有大架、小架、开合、刚柔相兼等各自不同特点。国家体育总局武术运动管理中心先后整理出版了《简化太极拳》《四十八式太极拳》及各式太极拳竞赛套路。

南拳：是一种流传于我国南方各省的拳势刚烈的拳术。南拳的拳种流派颇多，各自又有不同特点。一般腿不离踢，多桥法，擅标手。运动特点是动作紧凑，刚劲有力、步法稳固、手法多变、身居中央、八面进退，常以发声吐气助发力、助拳势。

形意拳：是以三体式为基本姿势，以劈、崩、钻、炮、横五拳为基本拳法，并吸取了龙、虎、猴、马、鸡、鹞、燕、蛇、鼍、骀、鹰、熊十二种动物的形象搏击法而组成的拳术。其运动特点是动作整齐简练，严密紧凑，发力沉着，朴实明快。

八卦掌：是一种以摆扣步为主，在走转中换招变势的拳术。它以单换掌、双换掌、顺势掌、背身掌、磨身掌、回身掌、转身掌、翻身掌等为基本八掌，步法变换以摆扣步为主，并包括推、托、带、领、搬、拦、截、扣等技法。其运动特点是沿圆走转，势势相连，身灵步活，随走随变。

八极拳：是一种以挨、傍、挤、靠等贴身近攻动作为主要内容的拳术。其套路结构短小精悍，发力刚脆，步法以震脚闯步为主，具有节短势险、刚猛暴烈、猛起硬落、逼身紧攻的短打类型的拳术特点。

通背拳：是以摔、拍、穿、劈、攒五种基本掌法为主要内容，通过圈、揽、勾、劫、削、摩、拨、扇八法的运用，而生化出许多动作的拳术。它的特点是出手为掌，点手成拳，回收仍是掌；动作大开大合，放长击远，发力起自腰背，甩膀抖腕，发力冷弹脆快。

劈挂拳：是一种以猛劈硬挂为主，长击快打、兼容短手的拳术。基本手法有滚、勒、劈、挂、斩、卸、剪、采、掠、摈、伸、收、摸、探、弹、砸、擂、猛十八字诀。练习时要求拧腰切胯、溜臂合腕，讲究滚勒劲、吞吐劲、劈挂劲、翻扯劲和辘轳劲等劲法。其运动特点是：大开密合，长击冷抽，双臂交劈，斜拦横击，吞吐含放，翻滚不息。

翻子拳：是一种短打为主，严密紧凑，拳法密集，出手脆快的拳术。主要拳法有冲、绷、豁、挑、托、滚、劈、叉、刁、裹、扣、搂、封、锁、盖、压等。其运动特点是步疾手密，连珠炮动，闪摆取势，上下翻转，迅猛遒劲，有"翻子一挂鞭"之说。

地躺拳：是以跌、扑、滚、翻等地躺摔法和地躺腿法为主要内容的拳术。其技巧性较强，动作难度也较高，全套中常出现的动作有抢背、盘腿跌、摔剪、乌龙绞柱、虎扑、栽碑、扑地蹦、鲤鱼打挺及勾、剪、扫、绞等腿法。其运动特点是顺势而跌，旋即而起，卧地而击，高翻低滚，起伏闪避，一气呵成。

象形拳：是模拟各种动物的特长和形态，以及表现某些古代人物的搏斗形象和生活形象的拳术。如鹰爪拳、螳螂拳、猴拳、蛇拳、鸭形拳，以及八仙醉酒、鲁智深醉跌、武松脱铐等，都属于象形拳。象形拳分象形、取意两种。象形是以模仿动物和人物的形态为主，缺少或很少有技击的动作；取意则以取意动物的搏击特长为主，以动物的搏击特长来充实技击动作的内容。

（2）器械。器械的种类很多，可分为短器械、长器械、双器械、软器械四种。短器械主要有刀、剑、匕首等；长器械主要有棍、枪、大刀等；双器械主要有双刀、双剑、双钩、双枪、双鞭等；软器械主要有三节棍、九节鞭、绳标、流星锤等。现将竞赛表演中的主要器械项目简述如下。

剑术：剑是短器械中的一种，由刃、背、锋、护手、柄等部分组成，剑的长度约以直臂垂直反手持剑的姿势为准，剑尖不低于本人的耳上端。剑术主要是以刺、点、撩、截、格、洗等剑法，配合步形、步法构成的套路。其运动特点是轻快洒脱，身法矫捷，刚柔相兼，富有韵律。

刀术：刀是短器械的一种，由刃、背、尖、护手盘和刀柄等构成，刀的长度是以直臂垂肘抱刀的姿势为准，刀尖不得低于本人的耳上端。刀术是以缠头裹脑和劈、砍、斩、撩、扎、挂、戳、刺等基本刀法为主，并配合各种步形、步法、跳跃等动作构成的套路。其运动特点是勇猛快速，激烈奔腾，紧密缠身，雄健彪悍。

枪术：枪是长器械的一种，由枪头、枪缨和枪杆所组成。多用白蜡杆作枪杆。枪术是以拦、拿、扎为主，还有崩、点、穿、挑、云、劈等枪法，配合各种步形、步法、跳跃等动作构成的套路。其运动特点是力贯枪尖，走势开展，上下翻飞，变幻莫测。

棍术：棍是长器械的一种。棍的长度同本人的身高。棍术是以劈、扫、戳、挑、撩等棍法为主,并配合步形、步法、身法等构成的套路。其运动特点是勇猛泼辣,横打一遍,密集如雨,气势磅礴。

大刀:大刀是长器械的一种。大刀是以劈、砍等刀法为主,结合舞花以及掌花、背花等动作构成的套路。"大刀看顶手",握在刀盘下面的右手不论是劈、砍、斩、抹,还是挑、撩、截、错,在刀法变化的任何情况下,都必须使右手顶住刀盘,虎口对准刀背。大刀的特点是"劈刀递攥",既要有刀法的使用,也须有刀柄尾部攥法的使用。练习时大劈大砍,雄伟泼辣,气势轩昂。

双刀:双刀是双器械的一种。双刀是以劈、斩、撩、绞等刀法结合双手左右缠头、左右腕花、交互抡劈等变化构成的套路。"双刀看步走",在两手持刀舞动时,步法必须与刀法上下相随,对上下肢的协调性要求较高。其运动特点是刀法密集,贴身严谨,左右兼顾,连走连打。

双剑:双剑是双器械的一种。双剑是以穿、挂、云、刺等剑法为主,结合身法、步法、双手交替运使的套路。其运动特点是身随剑动,步随身移,剑法、身法、步法三者合一,潇洒奔放,矫捷优美。

双钩:双钩是双器械的一种。双钩主要是以勾、搂、锁、挂等方法所构成的套路。其运动特点是钩走良势,身随钩走,钩随身活,身灵步轻,造型洒脱多变。

九节鞭:九节鞭是软器械的一种。九节鞭主要是以抡、扫、缠、挂等软鞭鞭法所组成的套路。主要动作有手花、腕花、缠臂、绕脖、背鞭等。其运动特点是鞭走顺劲,抡舞如轮,横飞竖打,势势相连,时硬时软,软时似绳索缠绕,硬时似铁棒抡转。

三节棍:三节棍是软器械的一种。三节棍主要是以抡、扫、劈、舞花等棍法构成的套路。其运动特点是能长能短,软硬变幻,勇猛泼辣,势如破竹。

绳镖、流星锤:绳镖、流星锤均属软器械。绳镖、流星锤是以绳索缠绕身体各部而变化出各种击法和技巧构成的套路。主要动作有踢球、拐线、缠脖、十字披红、胸前挂印等。练习流星锤和绳镖都须用巧劲,一根长索在身前、身后、腿部、肘部、颈部缠绕收放,出击自如,变幻莫测,是技巧性较强的项目。

2. 对练

对练是两人或两人以上,按照预定的程序进行的攻防格斗套路。其中包括徒手对练、器械对练、徒手与器械对练等三种练法。

(1)徒手对练:是运用踢、打、摔、拿等方法,按照进攻、防守、还击的运动规律创编的拳术对练套路。有对打拳、对擒拿、南拳对练、形意拳对练等。

(2)器械对练:是以器械的劈、砍、击、刺等技击方法组成的对练套路。主要有长器械对练、短器械对练、长与短对练、单与双对练、单与软对练、双与软对练等多种形式。常见的有单刀进枪、三节棍进棍、双匕首进枪、对刺剑等。

（3）徒手与器械对练：是一方徒手，另一方持器械进行的攻防对练套路，如空手夺刀、空手夺棍、空手进双枪等。

3. 集体演练

集体演练是集体进行徒手、器械或徒手与器械的演练。在竞赛中通常要求六人以上，可变换队形、图案，也可用音乐伴奏，要求队形整齐、动作协调一致。

搏斗运动，是两人在一定条件下，按照一定的规则进行斗智较力的对抗练习形式。目前武术竞赛中正在逐步开展的有散手、推手、短兵三项。

（1）散手：是两人按照一定的规则使用踢、打、摔、拿等方法制胜对方的竞技项目。

（2）推手：是两人遵照一定的规则，使用掤、捋、挤、按、采、挒、肘、靠等手法和劲法，双方粘连黏随，通过肌肉的感觉来判断对方的用劲，然后借劲发劲将对方推出，以此决定胜负的竞技项目。

（3）短兵：是两人手持一种用藤、皮、棉制作的短棒似的器械，直径9米的圆形场地内，按照一定的规则，使用劈、砍、刺、崩、点、斩等方法决胜负的竞技项目。

第四节　古代武术论著简述

一、古代武术经典论著概述

古代武术论著是记述、论述古代武术专项技法及其理论，或描述古代社会武术活动及发展状况等成系统的武术知识的文字载体。从形式上看，它们或是内容完整的成册书籍，或是专论某一内容的单篇论著。中国有文字记载的历史有三千多年，但有关武术理论技法的文字却大部分只是零星散见于史籍当中，历史上涉及武术理论技法的著作很少，法有本源、理成体系的武术专著则更属凤毛麟角。中国古代武术典籍稀缺这一现象无疑是由诸多因素造成的。

就其内容而言，主要涉及三个方面：第一，关于拳械枪刀等十八般武艺的技术方法、理论阐释、架势演练图形以及兵械制作图形等，有创编论著，也有辑录、转录或评述他人之作品；第二，关于武术流派的起源、形成及传承关系，民间武术的开展及交流活动状况，有意义的武术事件，有成就的武术人物等记述；第三，各方学者涉及武术的有见地的评述。

中国古代武术论著的发展过程经历了先秦、秦汉至宋元、明清三大阶段。先秦时期的武术论著，多是散落在诸如《庄子·说剑》《吴越春秋·勾践阴谋外传》等文学论著中。尽管《汉书·艺文志》记载有《手搏》6篇、《剑道》38篇为代表的武术专著,可惜如今均已佚失。但这些论述毕竟开武术论著之先河,且在武术技理方面的论述已经具备了相当的水平,并形成了中国古代武术发展史上的第一个高峰时期。比如东汉赵晔的《吴越春秋·勾践阴谋外传》中记述的越女剑法,就是其杰出的代表,在论击剑之道时所言:"其道甚微而易,其意甚幽而深,道有门户,亦有阴阳,开门闭户,阴衰阳兴。凡手战之道,内实精神,外示安仪……"其中,越女是春秋末期越国隐居山野的少女,擅长剑术。越王勾践被吴王阖闾打败之后,为了复国战争,聘请越女担任军中武师,越王勾践向她请教剑道,封为"越女"。《越女论剑》大概是中国历史上最早的武术搏击理论,阐述了剑道原理,通用于徒手搏击和其他器械,具有重要的武学价值,具体表现在以下几个方面:其一,提出了中国武学的基本范畴,诸如:精微,变化;阴阳,开合;内外,动静;形与气合,气与神合;身法,视觉光影。其二,表达了中国武术的基本战略思想和战术风格。以静制动,以弱胜强,防守反击,后发制人。其三,标志着中国武学的理论已经初步成形。"内实精神,外示安仪"几乎是之后"内家拳"的经典理论,今天依然对武术具有指导意义,体现了中国武术的美学观。

表1.1 先秦至宋元时期武术论著一览表

序号	书名	作者	成书年代	卷次	内容	备注
1	庄子	庄周	战国	杂篇	说剑	
2	吴越春秋	赵晔	汉代	卷九	勾践阴谋外传越女论剑	
3	汉书	班固	汉代	艺文志	剑道三十八篇 手搏六篇	已佚失
4	古今刀剑录	陶弘景	南北朝		记载名刀剑形制	
5	剑经	陶弘景	南北朝	一卷		已佚失
6	马槊谱	萧纲	南北朝		专论枪术	已佚失
7	角力记	调露子	宋代	专著	述自春秋至五代有关手搏及角力的活动	《宋史·艺文志》收录

与先秦时期的发展高峰相比,秦汉至宋元期间漫长的1500余年,却进入了一个武术论著发展的低谷。尽管武术作为古代军事战争的主要手段仍然在不断发展,还形成了诸如汉代"角抵戏"、唐代"剑舞"的新形态,但在理论方面除了宋代的《角力记》等为数不多的几部著作之外,并没有更多有价值的武术专著出现,理论论述与实践发展显得极不平衡。究其原因,恐怕与学术风气的转变不无关系。先秦时期"百家争鸣"的自由学术空气为武术发展提供了广阔的空间,但是经过秦代的"焚书坑儒"、汉代的"罢黜百家、独尊儒术",后世的学术趋于单一,武术逐渐成为末

流之术，难登学术大雅之堂。兼之韩非子"侠以武乱禁"的思想排挤了武术的社会生存空间，使得武术论著的发展举步维艰，难以形成学术上的气候。从目前能查询到的史料来看，先秦至宋元时期的武术论著较少（见表1.1）。有学者认为，肇始于西周的"官师合一""政教合一"的教育模式及几千年来的中国人的思维和表达方式过于重视直观认知方式，从而导致武术中"神秘体验"的难以表达性与语言符号表意的局限性，构成了先秦至宋元时期武术典籍稀缺的内在原因。

表 1.2　明清武术论著一览表

序号	书名	作者	成书年代	有关卷次与内容
1	武编	唐顺之	嘉靖年间	前编卷五
2	唐荆川文集	唐顺之	嘉靖二十八年	卷三
3	续武经总要	赵本学，俞大猷	嘉靖三十六年	卷八 韬铃续编
4	正气堂集	俞大猷	嘉靖四十四年	余集卷四
5	纪效新书	戚继光	嘉靖四十一年	卷十至十四
6	练兵实纪	戚继光	隆庆五年	卷四练手足
7	止止堂集	戚继光		
8	江南经略	郑若曾	隆庆二年	卷八
9	阵纪	何良臣	万历十九年	卷二技用篇
10	续文献通考	王圻	万历三十五年	卷一一六总论军器
11	三才图绘	王圻	万历三十五年	人事部第七卷
12	耕余剩技	程宗猷	天启元年	全书专著四种
13	武备志	茅元仪	天启元年	卷八四至九二
14	登坛必究	王鸣鹤	万历年间	卷二九，三零
15	新镌武经标题正义注释	赵光裕	万历十六年	卷九，附录
16	武备新书	谢三宾（订正）	崇祯三年	仿《纪效新书》
17	武备要略	程子颐	崇祯年间	卷五至十二
18	五杂俎	谢肇淛	万历年间	记十八般武艺
19	涌幢小品	朱国祯	天启元年	卷十二
20	混元剑经内外篇	毕坤	明代成稿	剑法专书
21	名剑记	李承勋	不详	兵器类
22	手臂录	吴殳	康熙十七年	枪学专书
23	十三刀法	王余佑	清初成稿	刀学专书
24	拳经拳法备要	张孔昭（述），曹焕斗（注）	乾隆四十九年	拳学专书
25	苌氏武技书	苌乃周	清成稿	拳学专书
26	王征南墓志铭	黄宗羲	康熙八年	武术史类
27	内家拳法	黄百家	康熙十五年	拳学专书
28	宁波府志·张松溪传	曹秉仁	雍正十三年	武术人物传记

(续表)

序号	书名	作者	成书年代	有关卷次与内容
29	六合拳谱	姬隆风	康熙雍正年间	拳学专书
30	古今图书集成	陈梦雷	雍正初年	大型类书
31	太极拳谱	李亦畬(辑)	咸丰年间	太极拳专著
32	阴符枪谱	王宗岳	乾隆年间	枪理专论
33	万宝全书	毛文焕	乾隆十一年	类书
34	艺舟双楫·记两棒师语	包世臣	道光二十四年	专论单篇
35	剑法真传	宋赓平	光绪三十四年	剑法专书
36	陈氏太极拳图说	陈鑫	1908—1919年	全书四卷
37	兵仗记	王晫	不详	古兵器

相比之下，明清时期社会形势发生了根本的转变，使得古代武术论著的发展进入一个巅峰时期，涌现出大量的极富价值的武术论著(见表1.2)。究其原因，可以归纳为如下几个方面。

首先，明清时期天下一统，经济文化得到了迅速的发展，发达的经济文化水平又带来了出版藏书业的空前发展，为明清武术论著的大量涌现提供了重要的物质基础。

其次，深厚的中国文化底蕴为武术理论的大发展提供了思想源泉。从先秦至明清的两千多年历史中，中华民族积累、造就了极为浩瀚广博的文化底蕴。至明清时期，有识之士对历代承袭并不断丰富发展的学术思想开始有意识地进行总结。

最后，武举武学以及抗倭战事成为促进武术论著撰写与出版的动力。明代虽大局尚属稳定，但战争并未止息，既有朱棣夺权及皇族内部之战，又有反复应付边境诸少数民族之战，尤为重要的是抵御倭寇侵扰之战。既有战争自会大大增强人们对于武学的重视，而全局性文化与科技的繁荣、发展，又为武学的发展提供了丰厚的土壤与滋养。科举取士，既是选拔人才，也是仕途之道。皇家既如此倡导，文武有识之士自纷纷顺应风向而动，特别是武举中对"兵法""策略"的高度重视，更是促使人们学习与研读兵书的直接原因。

此外，从技术上升到理论也是武术本身发展的必然要求。在前人的不断摸索和实践过程中，中国古代武术有了丰富的技术和实战经验的总结。如何从零乱琐碎、纷繁复杂的实践经验中总结出系统、科学的规律，成为武术家悉心关注的问题，这也是武术自身发展到新一阶段的必然要求。明清时期的武术家纷纷进行这方面的尝试，如戚继光用图文并茂的方式提炼了民间三十二式优秀拳势；吴殳从各种枪法的比较中总结出枪法训练的几个步骤和技术体系；苌乃周从"中气"的角度探索习练武术"形气合炼""内外兼修"的方法等。这些有益的尝试提出了许多新鲜的理论和见解,并见之于文字,极大地丰富了武术的内涵,赋予了古代武术新的生命力,为武术在中国近现代的发展提供了持久的动力。

二、古代武术论著的分类和特点

依据图书馆分类方法以及古代武术论著的内容特点,我们将已考查到的先秦至宋元时期武术论著7部(篇)、明清武术论著37部(篇)划分为7个学术类别,从中可以一窥整个古代武术论著的概貌。

1. 武术专著类

即系统的、独立成册的、纯武术技理专著。如程宗猷的《耕余剩技》中《长枪法选》创枪法图十八式,《耕余剩技》之《少林棍法阐宗》创棍法图五十五式,《耕余剩技》之《单刀法选》创刀法图三十四式。张孔昭述、曹焕斗注《拳经拳法备要》记述了少林寺拳法,通论长拳短打,有拳图二十四式。王余佑《十三刀法》论刀十三法:劈、扎、提、缠、抽、截等。

2. 兵书类

即兵书中所包含的武术专篇。这一类内容占据了古代武术论著的主要部分,而尤其以明代的军事著作最为显著。其中,包括戚继光的《纪效新书》《练兵实纪》,俞大猷的《正气堂集》以及唐顺之的《武编》等。这些军事著作中都有论述武术技理的部分。此外,还包括辑录、转录、评述和记述性的武术专篇,如茅元仪的《武备志》辑录了《纪效新书·拳经》和三十二式拳图,辑录《纪效新书·长兵》和枪势图,辑《少林棍法阐宗》,收录"隐流刀法"和"辛酉刀法"及刀势图十五式等。而诸如《耕余剩技》《手臂录》等书,虽是武术技理专著,但在全国统一编目的《中国古籍善本书目》中,是列在"子部·兵家类",作为兵书列目的。

3. 文集类

即文集中所含创编或辑录的武术论著专篇。戚继光的《止止堂集》、唐顺之《唐荆川文集》辑有"峨嵋道人拳歌""杨教师枪歌""游嵩山少林寺专文""日本刀歌"等;俞大猷的文集《正气堂集》余集卷四中有其精论棍法之杰作《剑经》。

4. 类书类

《续文献通考》《三才图会》《古今图书集成》是明清时期的大型类书。书中辑录了不少的武术内容,如《三才图会》中辑录了拳法图三十二式、枪法图二十四式、棍法图十四式、藤牌图八式、狼筅图八式以及射法图四式,以上内容均转录自《纪效新书》。

5. 武术史类

有关武术发展源流的内容。如清代学者黄宗羲的《王征南墓志铭》记录了武术家王征南生平事迹,述内家拳源流;曹秉仁在《宁波府志·张松溪传》中记述明嘉靖时人张松溪在浙东四明传内家拳系及各代传人。

6. 兵械记类

记录兵械形制、特点。如李承勋《名剑记》记述古代多种名剑;王晫《兵仗记》记述历代枪刀等多种兵器。

7. 杂记艺文类

即杂记小品文丛中有关武艺的记述。如朱国祯《涌幢小品》中有"武艺十八事"记载,并述及"白打即手搏之戏"。《艺舟双楫·记两棒师语》的作者为论述书法,借两友人论拳枪之理,称武道深合书道,从而留存下拳、枪技法之精论。

第二章 传统武术与中国文化

中国古代的思想通常不思考超越的存在,其注意力主要集中在人类生活问题上,范围涉及伦理、政治、战争、和平之类。这使得中国文化更多地表现为一种对生命现象的感悟。因而,中国武术在文化精神上也大都围绕人的生命活动而展开:就个体生命来说,它十分讲究强身护体、延年益寿;就群体生命来说,它极其强调隆德尚礼、行侠仗义。人们常说"拳起于易而成于医""兵武同源""剑舞书画技艺相通"等,这些都反映了中国武术与中国传统的哲学、医学、兵法以及其他各种传统文化组成部分一脉相连。

东方式整体思维方法突出直观体悟,喜欢从天地万物的一体"大全"出发去提出问题和解决问题。《淮南子·精神训》云:"夫天地运而相通,万物总而为一。"因此,我们认识武术与中国文化的关系时,要从整体上考虑中国人对"天道"和"人道"的有关理解,研究中国人特有的宇宙观和文化精神。然后,再去认识作为一种文化现象的传统武术与中国的政治、经济、军事、医学、教育、艺术、社会结构、民间风俗、生活习惯、行为方式等各个方面的关系。

第一节 传统武术的哲学渊源

美国学者弗里乔夫·卡普拉在其名著《转折点》中写道:"由于东方哲学与宗教传统总是倾向于把精神和身体看做一个整体,因而东方发展出大量的从身体方面来解决意识的技术是不足为奇的。这种沉思的方法对治疗的意义在西方正逐渐被认识到,许多西方治疗家正把东方的身体作用技术,例如瑜伽、太极和合气道结合进他们的治疗中。"农耕文化背景下生长起来的中国传统武技,纵然千姿百态、丰富多彩,但其产生、发展和在不同时代的演绎离不开中国人特有的宇宙观、生命观的统摄。太极拳出现在宋明理学发展的高峰时期——明清之际,其实是中国武术与传统哲学思想结合的一个结果。因而,认识传统武术与中国文化的关系,只有从哲学的层面去追溯,才能从本质上把握武术的特征,进而更好地理解武术与中国文化其他组成部分之间的关系。

一、道家哲学构成传统武术的思想基础

从某种意义上讲,道家思想是整个中国传统文化的哲学基础,它决定了传统文化的发展模式。比如,在社会政治领域,每当历史上出现战乱后,国家需要恢复元气,人民需要休养生息之时,道家主张清静、无为的思想就会兴盛,如汉初的文景之治,魏晋的盛行玄学。在思想领域,老庄的道为诸子百家之说提供了哲学基础,可以说道家是"体",其余诸家是"用","三教九流"莫不得益于道家;在文学艺术领域,庄子美学思想批判的、追求独创的精神,给了历代大师以积极的启发,后世有关审美和艺术创造活动的特殊规律的认识,极大部分得自道家,中国古代艺术家所具有的重直觉、重想象、讲究意境和气韵、强调绝对自由、把审美情趣同超功利的人生态度联系起来等特点,都受了道家思想的熏陶。

道家哲学对中国武术思想的影响,首先体现在其本体论构成了中华武术思想认识论的基础。一般认为,哲学范畴的本体论是关于世界存在的本原和本质规律的学说。道家有关本体论的论述,主要表现在道论、气论及天人合一论三个方面,而这三个方面均成为武术思想认识论的根源。

1. 道论与武术的"拳技"核心之理及其变化

"道"为何物?这是一种本体论追问。在说明事物的根本时,老子用了一个"道"字,认为"道"是宇宙万物之本源。历史上的"道"曾有过"道""太极""太虚""太一""大一""常德""孔德""大德""大同""大通""理""法"等同一系统的不同表达,这些本体范畴可见于《易传》《礼记》《道德经》《庄子》《楚辞》等先秦典籍和后世儒、释各家经典中,它们都从各个角度指向了"道"的本体特征。而老子的解释是,"道"是万物之始,又是万物之宗。老子认为万物之本的"道"即是"无","天下万物生于有,有生于无"(《老子·第四十章》)。中国武术则吸取了这一思想,认为"道"也是武术的最本质特征。王宗岳《太极拳论》说:"太极者,无极而生,动静之机,阴阳之母也。"太极拳原理是由无极而太极,进而才有动静、阴阳等千变万化。《太极拳论》又说:"虽变化万端,而理惟一贯。"指出拳技的千变万化中贯彻着一个"理",实质上就是老子所谓的"道"。道家的本体论认为,由根本的"理"或"道",才产生出刚柔、动静、虚实等种种相反相承、互为因果或矛盾关系。这种本体论及对事物衍生规律的认识也构成了中国武术的思想认识基础,即拳技的核心是被称之为"无法言状"的"理"或"道",而这个"拳道"则又衍生出武术中动静、虚实、起落、快慢、刚柔、开合等诸多相互矛盾又相互依托的技术动作和攻防意识。

2. 气论与中国武术的独特修炼方式

"气论"是道家的本体观的另一重要组成部分,同样影响了中国武术的思想基础。"气"是中国古代哲学的核心范畴,是构成中国文化多彩内容的基本元素。"气"这一概念的原始意义是烟气、水蒸气、云气、雾气、风气、寒暖之气、呼吸之气等物质。哲学上的具有普遍意义的"气"的概念,便是从这些具体的可以直接感觉到的物质升华发展而来。古人在论及"气"时,就身体层面而言,有两层含义,一是指化生万物之气,即先天之气,亦称"元气""宗气""中气",即外物之本的"气";另一层含义则指后天之气,即周流血肉之气。就前者而言,庄子用"气"来表示万物之本源:"气变而有形,形变而有生。"(《庄子·至乐》)无形之气为有形之物的基础。庄子以"气"的聚散来解释生命之形成:"人之生,气之聚也。聚则为生,散则为死……通天下一气耳,圣人故贵一。"(《庄子·知北游》)

中国武术中,"气"占有重要的地位,主要可以表现在以下两个方面。其一,"气"被视为武术的原力与根本,是武术功力的精微所在。"内练一口气,外练筋骨皮",就是对内在武术生命力修炼的形象比喻。其二,武术的种种外在形态如武术功能、神韵、技法等,均为"气"的演化与体现。

正是秉承和发扬了道家的"气论"的哲学思想,历代武术家从理论和实践中不断创新发展,构建了中华武术独特的有关"气"的理论体系。如清代著名武术家苌乃周的《中气论二十四气》云:"中气者,即仙经所谓原阳,医者所谓元气,以其居人之正中,故武备名曰中气……人自生以来,禀先天之神以化气,积气以化精……称天根,号命门,即易所谓太极是也。真阴真阳,俱藏此中,神之赖之。"这段话说明了"气"的本体性质,其中的"元气"即"太极",亦即老庄的"道"。在由长宵道人整理的少林武术重要典籍《罗汉行动全谱》中,对"气"的性质有明确的阐述:"天地万物皆一气之所结成,天地无气则阴阳息,万物无气则生机灭,养气固不重哉。而人为万物之灵,则养气尤为重。养气之道莫胜于十八罗汉功与所谓罗汉短打者,诚能炼气归神。"这里指出的"气"既是武功的本源,又是武功修炼的对象与目标。

3. 天人合一论与武术注重和谐思想的产生和发展

"天人合一"是中国传统哲学的一个基本命题,也是中国传统文化的精髓之一。"天人合一"语出北宋哲学家张载的《正蒙·乾称》,曰:"因明致诚,因诚致明,故'天人合一'"。但"天人合一"思想起源于原始社会的"报",即祭祀上天的意思。"天人合一"的"天"主要是指"天道",即自然界和自然规律;"人"是相对自然界而言的人类。中国古代传统的"天人合一"思想有三层内涵,即天人合于天,天人合于人,天人合于非天、非人的某物,如"道"。道家的"天人合一"是天人合于"道","道"者,自然也。在先秦诸子中,《老子》最先表达了"天人合一"思想:"人法地,地法天,天法道,道法自然。"(《老子·第二十五章》)道家的"天"是"自然之天",是与"人为"相对而言的事物自然状态。道家认为人的存在是自然过程,人本身也是自然的一部分。"天人合一"不仅是其对人与自然关系的实然描述,也是应然表达。《庄子》也明确提出"无受天损易,无受人益难。无始而非卒也,人与天一也"(《庄子·山木》),"夫形全精复,与天为一"(《庄子·达生》)。老庄的"天人合一",并不是讲以"人"合"天",而是主张"天""人"合于"自然",合于"道"。世间万物都是在一定的自然环境中产生和发展,不仅离不开自然环境,而且最后又自然而然地复归于自然环境。所以正如《老子》所曰:"夫物芸芸,各复归其根。归根曰静,静曰复命,复命曰常"(《老子·第十六章》)。

在长期实践中,作为武术对象的客体——人体自身与宇宙自然的客体,两者有着内在的紧密联系,因而在武术实践中必须使前者适应后者,顺乎后者,达到两者的统一与一致,方能完满实现武术的目的。有着深厚内功养生兼技击理论的《峨眉十二庄》之中的《天地庄合诀》中说:"象天法地,圆空法生;大小开合,唯妙于心。"这四句揭示出功法的本源是"天人合一"的和谐思想,使人领悟到"圆"与"空"是大自然天地的基本特征,因而是武功的最佳方式与境界。圆则灵活多变,空则轻灵无滞,圆而又空则能做到活泼自如,循环无障,变化无穷。因此,除了上述的《峨眉十二庄》外,不少拳种以圆空为基本架势与手法,如太极拳、八卦掌、形意拳、翻子拳等,都以圆、空为技击特色,而"圆"与"空"的观念则来自对天地自然形态特色的领悟。这些拳种融自然的变化规律于拳法之中,完满地体现了人与自然的和谐,促使武术追求人己物我的和谐,注重人与自然的和谐、人与社会的和谐及人的自我身心内外和谐的倾向和特征。

二、《易经》哲学在武术中的体现

《易经》是我国最古老的经典,自古以来就被尊为"群经之首"。历史上有三种不同的易,即《连山》《归藏》和《周易》,前两者已失传,现流传的《易经》即《周易》。《易经》是一部由卦画建构而成的精巧绝伦的奇书,但其价值远超占卜。《易经》思想内蕴着生生不息、变化莫测的象、数、理、占之机,充满了东方思辨的哲学智慧。《易经》的理论思想所揭示的万物一体的"天人合一""阴阳辩证"的对立统一,以及二进位制的"八卦",构成了宏观的、整体的、系统的理论框架,成为一门探求宇宙、生命大规律的学问。《易经》哲学思想主要有两个:以阴阳代表的辩证法观念,以八卦为代表的万物生成的观念。易经哲理指导着中国文化的发展,渗透到中华文明的各个方面,决定了中华文化的面貌、特征和总体走向,代表了中华民族的深层心理结构。中国武术文化亦大量渗透《易经》的思想,不少杰出的武术家都从《易经》

中吸取丰富的思想养料,作为武术技击理论的基本原则。

1.《易经》阴阳辩证观与传统武术

《易经》最基本的思想就是阴阳对立统一的朴素辩证法。《易系辞》:"一阴一阳之谓道。"讲的就是宇宙间万事万物的变化均为对立而统一的阴阳相互作用的显现。《庄子·天下》曰:"易以道阴阳。"说出了《易经》的阴阳变化内容核心。由阴阳对应观念,衍生了一系列对应概念:动静、刚柔、虚实、开合、内外、进退、起伏、显藏、攻守、始终等。这一系列描述事务变化的原理,被广泛地运用于各个拳种、门派的武术理论中,其所代表的诸多对应因素的不同组合,及其对立与转化的种种变化,构成了中国武术极为丰富、色彩各异的多种击技原理和方法。比如,王宗岳在《太极拳论》开篇之首即指出,太极拳是以"动静之机、阴阳之母、动之则分、静之则合"的变化为基础。再如,王宗岳在《十三势歌》中说:"转变虚实须留意,气遍全身不稍滞。"可见,太极拳就是植根于阴阳之理的,因而练太极拳的关键就在于领会阴阳、动静、开合等变化,必须懂得"劲由内换,收便是合,放即是开。静则俱静,静是合,合中寓开;动则俱动,动是开,开中寓合"(李亦畬《走架打手行功要言》)。形意拳的整个理论也是建立在阴阳学说之上的,《形意太极歌》云:"心猿已动,拳势始作,刚柔虚实,开合起落。"八卦掌则以"易"的变化为指导,创造出了以"走"为特征的独具风格的拳种。董海川强调"走为百练之祖",要求"走"中阴阳俱合,形神兼备,内外合一,具备刚柔、虚实、显藏等相反相承的技术特色。此外,少林武术的拳理亦贯穿阴阳变化之理,如《少林寺短打身法统宗拳谱》论及"立身立足之法"时指出:"人一身伫立之间,须要配合阴阳,方知阴来阳破、阳来阴破之妙,若不名阴阳,则无变化之妙,而有呆滞之嫌。"

《汉书》将汉代以前的兵书分为权谋、形势、阴阳、技巧四种,奠定了后世兵学分类的基础。关于兵阴阳,《汉书·艺文志》中的定义是:"阴阳者,顺时而发,推刑德,随斗击,因五胜,假鬼神而为助者也。"这亦是《易经》变化观念的运用。以攻守之道而论,武术可以分为"内家"和"外家"之分,内家多以静制动,以守为攻,以达到因敌变化而取胜的目的;而外家拳,如八极拳、少林拳等则多以我为主,采取出其不意、攻其不备之术,主动进攻,先声夺人。这些都是运用《易经》阴阳变化的观念指导技击理论的体现。

2.《易经》阴阳八卦化生观念与传统武术

《易经》是以"近取诸身,远取诸物"为原理,用阴阳符号系统来表示哲学内容的经典著作。八卦指《易经》中以阴阳二爻三用所组成的八种卦形,即乾、坤、震、巽、坎、离、艮、兑,象征天、地、风、雷、水、火、山、泽八种自然现象,以代表天地万物。以此八种卦象为基础,两两组合,得六十四卦,天地间无穷的变化尽在其中。从传输信息的角度来看,八卦的符码带有一定的象形意义。这一点,可以从卦名同其所代表的事物之间的联系看出来。例如:☰,代表天,乾卦,取"冥冥苍穹,混元一气"之义。"混元一气"即"连续""整体""不间断"。万里无云的晴空,在古人看来是最连续、最完整的,所以用三个连续符号代表。☷,代表地,坤卦,取"河岳山川,疏岿星列"之义。与天对比,地高低不平,彼此分割,所以用三个离散符号代表。八卦理论是从四时的推移、万物的生长收藏得出的规律,形容周期循环,如水流行,用以表示阴阳的依存与互为根本,五行的母子相生。

具体运用八卦哲学为理论基础的首推八卦掌。八卦掌亦名八卦拳,其掌法原理、技击原则遵循易经八卦哲学,将阴阳相合、奇正相生、八卦相荡的变化特点体现于八卦掌的运动之中。孙禄堂先生在《八卦拳学》自序中的第一句话便是:"易之为用,广大精微,上自内贤外王之学,下迨名物象数之繁,举莫能外。而于修身治己之术尤为详尽。"八卦掌的九宫步以《易经》理论为指导,形成了"以动为本""以变为法""拧旋走轻""滚钻争裹"的八卦技击原则。八卦掌的掌法原理、技击原则均遵循八卦哲学,以"易理"为指南,根据阴阳生克制化之理,由先天卦而生后天卦,先天八卦又生后天六十四卦,后天六十四卦复生三百八十四爻,由此生生不已,变化无穷:"八卦连环分五行,相生相克变无穷。六合归一真根本,阴阳二字要分明。乾坤巽入离与坎,艮往坤来震兑同。八门反正直斜走,横冲直撞任纵横。"(《八卦掌转圈歌诀》)八卦掌以《易经》八卦制定步法、掌法、身法,其步法以圆圈为特征,像太极之形;原形线路上脚踏八卦,环顾八方,左右互换,阴阳相宜。而形意八卦掌的套路编排是按八个卦象(乾、坎、离、艮、坤、巽、震、兑),模仿八种飞禽走兽(燕、鹰、熊、猴、龙、蛇、虎、马)的形象,运用八卦掌的步法、身法、掌法,采用左右旋转的练法,设定八卦掌套路。八卦掌还借用八卦的一套数术,来规范拳技的层次性和系统性。以八个基本掌法比附八卦之数,以六十四掌分为八组,比附八八六十四卦之数。

三、五行学说在武术中的运用和体现

五行学说,是古代贤哲把构成大千世界形形色色的东西,归纳为金、木、水、火、土五种基本物质。对五行相生相克的基本认识是:"木可以燃烧,故木生火;木燃烧之后变成灰土,故火生土;土中有金属矿物,故土生金;金可熔化成为液体,故金生水;树木需要水分才能生长,故水生木";"木的根可深入土中,所以木克土;土可将水填为平地,所以土克水;水可以将火灭掉,所以水克火;火可熔化金属,所以火克金;金可以作成刀斧斩伐树木,故金克木"。因此,古人认为五行之间有一条相生相克、循环不已的规律。相生意味着相互滋生、助长,即木生火、火生土、土生金、金生水;相克意味着相互制约,即水克火、火克金、金克木、木克土、土克水。古人认为,这五种基本物质之间有一条相生相克、循环往复的规律。五行学说与阴阳学说一样,也是着眼于事物矛盾的运动变化的。五行学说生克制化原理,也说明了事物运动变化的联系法则,能够阐明不同事物在发展过程中的相互关系,因而也可以说五行学说属于古代唯物辩证观的哲学范畴。

五行学说同阴阳学说一样,构成了中国武术的思想基础。五行学说影响中国武术的最好体现就是形意拳,形意拳就是以"五行生克制化"为指导思想,结合拳式,结合人体,以演练人体内外"五行"为主。五行学说与形意拳的关系主要表现在如下方面。

其一,以五行的形态、性能、方位为基准,将某些拳式配组为五行系统,作为构成武术中各种拳式的基本元素。例如,五行中"木"的形态和性能是可以弯曲伸直,形意拳遂以直线出击的崩拳属木。形意拳谱上说:"劈拳之形似斧,性属金;钻拳之形似电,性属水;崩拳似箭,性属木;炮拳者,如炮忽然炸裂,其弹突出,性属火;横拳之形似弹(梁),属土,是一气在人体中的团聚。"(《形意母拳》)又如,五行分布五个方位:南方火、北方水、东方木、西方金、中央土,恰如人的前、后、左、右、中五个方位。太极拳依此,将"进步、退步、左顾、右盼、中定"作为五行。

其二,以五行结合人体。拳家以五行结合人体的说法皆取自中医理论。常用的有五形配五脏,即肝属木、心属火、脾属土、肺属金、肾属水,叫"内五行";以五行配五体,即筋属木、脉属火、肌肉属土、皮毛属金、骨属水;以五行配五官,即目属木、舌属火、口属土、鼻属金、耳属水,叫"外五行"。拳家认为内外五行要相合,即"内五行要合,外五行要顺","内外同化",调和脏腑气息,精、气互化来达到强身延年的效果。

其三,以五行相克原理解释拳式的攻防作用,即以相生理论说明易生变换相连的拳式,以相克理论说明相互制约的拳式。由相生之理论,故"横拳能生劈拳,劈拳能生钻拳,钻拳能生崩拳,崩拳能生炮拳,炮拳能生横拳"。如万物之生于土,故"横拳能生各拳"。由相克之理论,故"劈拳能克崩拳,崩拳能克横拳,横拳能克钻拳,钻拳能克炮拳,炮拳能克劈拳也"(孙禄堂《形意拳学》)。两人以此顺序攻防配合练习的对练套路,称为"五行炮"或"相克拳"。

第二节　传统武术的古典之美

世界古典美学分成两大支系,形成两座高峰:一个是古希腊美学和以它为渊源形成的西方美学体系;另一个是以中国传统文化中儒道释为文化本体和根源,以古典美学为宗而延绵发展数千年的中国古典美学。美学学科的创始人鲍姆·嘉通认为,"美学的对象就是感性认识的完善……美学则是以美的方式去思维的艺术,是美的艺术的理论"(朱光潜《西方美学史》)。

一、中西美学的追求之异

关于美的问题,提问的方式有两种,一种是什么是美的,另一种是美是什么。从哲学上讲,"美是什么"的问题是对事物本体论的探究。西方美学中的本体论传统是探究美本身,即美的本质。中国古代美学中,更多地讨论"美在哪里",即"什么东西是美的"问题,而极少去探讨"美是什么"①。中国人对美的这种理解和追求,很大程度上受到道家哲学特别是《周易》哲学的影响。虽然中国哲学也探讨过诸如事物本质这类抽象的问题,如同道家哲学将"天地之始""万物之母"定位为"道",这在一定程度上就是西方哲学的本体论的范畴,但道家所说的"天地之始""万物之母",并不是纯然抽象存在的,因为"道"是存在于万事万物之中的。虽然"道"存在于万事万物之中,却不能用任何一个事物来指称它,所以它是"无名"的。这就构成了中国哲学的本体论和方法论合为一体的特征。比如,如何知"道"?中国人追求的是"体道""味道""悟道"和"观道"。由此可见,"道"的存在与对"道"的认识是密不可分的,"道"就在对"道"的各种认识、体悟之中。同样,如何知"美",也不能离开对美的事物的欣赏。

中国古典美学将"象"作为本体之基,而"象"是"道"或者是"太极"之象。中国美学讲"象"实际上是"道"的外化、"道"的象征。中国古人通过对"象"的观察去把握"道",而中国美学实际认为"美"是"道"的形式或象征。而从"象"到意象,再到意境,以及后来的境界,中国美学追求经历了四个阶段(陈望衡《中国古典美学二十讲》)。

二、中国古典美学对传统武术的影响

不同于西方古典美学,中国的古典美学没能建构起自己的思辨理论体系,其美学思想与观点比较零碎,系统性和概括性比较差,大多散见于古代的诗文、杂录、随笔和漫谈等文字中。然而,中国古典美学却在其形成和发展的过程中,创造了一系列独具特色的美学范畴、概念、术语等,构成了与西方美学具有明显差异的表达方式。

范畴是关于思想和思维趋于成熟或已经成熟的一种知识形态和理性形态,是

---

① 即便是像孔子说的"里仁之美",孟子说的"充实之谓美",也不是在探讨"美"的本质,这里的"美"似乎还不能等同于后来说的"美",更多的是说"善"。

人类思想、思维及其理性的标志,它体现了一定历史、人文阶段人类认识的自觉和自由。中国古典美学中的基本范畴是十分丰富的,如:气、象、神、妙、韵、意、和、兴、意象、意境、境界、有无、虚实、形神、情景……这些命题和范畴,既互相区别,又互相联系,它们的基本内涵存在着内在的关系结构,并且处于不同的应用层次。而在这些纷繁杂多的范畴体系中,明显存在着一些基本的范畴层次,也就是有一些核心范畴,这些范畴统摄着其他范畴,并相应地衍生出其他层次上的不同范畴。中国古典美学在其终结阶段,深深地浸润了中国武术。从表现形式上,则反映出若干美学范畴被中国武术所吸收。

气——中国武术之美的本源。中华民族的审美观念的独特性就在于其建立在天人合一的哲学观念上。而天人合一的思想是一种宇宙有机论,即认为天地万物及人,都是根源于气,依气而生。因此,气也被认为是中国美学之本源。气在中国文化范畴内,不仅被作为自然万物产生的根源,而且把社会人事等法则,如法、化、心术等都归根为"气"之所在。这一思想到了汉代,又更进一步得到发挥,汉代人把气作为宇宙万物的浑然之气,形成了气为万物本源的观念,即形成了中国文化中宇宙生命有机体的基本思想,成为中国生命美学的哲学基础。气所表达的就是充满了生生不易的生命活动和精神活动的追求,是对真力弥漫、追求自由的生命意义的体认和追求。深受佛、道思想影响的中国武术,在美的表现方面,同样渗透着气的意蕴。比如,武术修炼离不开养气、练气、集气、运气的追求,以及通过气来传达武术特有的韵味,使武术富有难以言传的美妙境界。而武术讲究"内练一口气,外练筋骨皮",练到一定功夫,生理上的快感与精神上的享受合一,既养生又养气,审美主客体重叠,武术之美既为旁观者所领略,又能被自身所感受。

韵——中国武术之美的内在神明。受道家美学的影响,中国美学在魏晋时期追求放浪不羁、超逸洒脱的精神境界和风度,把韵作为理想的人物美。后来,韵的范畴逐渐扩大到艺术领域。作为中国武术审美价值的核心,韵的美学范畴不仅仅体现在身体形态的表现与开发,更在于心理活动一种感觉(即体悟与感悟)。心理学中将感觉分为外部与内部两种,外部感觉包括视觉、听觉、嗅觉、味觉及皮肤感觉;内部感觉即身体感觉,包括动觉、静觉和内脏感觉等。韵表现了武术的含蓄之美,当演练者把自己的主观情意融化到具体的动作招式之中,表达出自己对现实生活的独特的审美感受和审美情趣,在运动中抒情写意,展现审美理想,就可以说已达到"取韵"的阶段。表现在武术演练中,就是通过习武者的动作、神态和风貌,激起欣赏者的联想和情思,以获得中国古典美学所说的象外之象、味外之味、言外之意,从而唤起观看者绵绵无尽的美感。

意象——中国武术之美的表现形式。在中国古典美学中,"象"是作为主体的人之"意"所为之的,而"意"与"象"又是相互依存的。因此,意象实际上是主体与客体之间形成的一种契合,是以具体可见的"象"来表现抽象的不可见的"意"。中国传统美学认为,审美活动就是要在物理世界之外构建一个情景交融的意象世界。这里的"情""景"不能理解成互为外在的两个实体化的东西,而是"情""景"的欣合和畅、一气流通。"景"离不开"情",否则,"景"就不能显现,成为"虚景";离开"景","情"也不能产生,成为"虚情"。只有"情""景"的统一,才能产生审美意象。比如,《吴越春秋·勾践阴谋外传》中关于越女论剑的描述:"其道甚微而易,其意甚幽而深。"意思是手战之道,其技甚微小,故容易掌握,其意境之幽深莫测,又不容易获得。这里的意境就是一种特殊的意象,就是演练者手战之技与其情的交融,它一方面是手战之技的映照,另一方面又是手战之技的超脱,是人的心灵与手战之技的沟通。

神——中国武术之美的追求境界。作为中国古典美学的范畴,"神"指艺术作品所达到的一种极高的审美境界。古人常将奇妙的艺术构思称为"神思",将精湛的艺术品称为"神品",并将领会到艺术意韵称为"得神""通神"。而在艺术的展现上,追求神似为主而不重形似,则是中国古典美学为表现美学而与西方再现美学不同的重要标志。中国诗歌、绘画、戏剧,都不追求模仿、摹写上的逼真,造成幻觉上的真实感,而注重所谓神似,即内在精神、内心气质、模糊韵味。武术中的"形",指人的形体状貌及其动作形象。"形似",指练武者的动作已经逼真地反映出模仿对象的形貌,这是练武的初级阶段必不可少的。形象化的真实模仿,可获得具体可感、鲜明、逼真的审美效果。如果仅仅停留在形似的阶段而不设法进一步提高到传神取韵的境界,就会显得浅薄直露,缺乏意蕴。不能传达出主宰着"形"的"神",就很难从根本上表现出武术的神气韵度之美。而武术在修炼层次和动作的表现上,也是以通"神"作为最高层次追求的。比如陈鑫在《太极拳论》中说:"由招熟而渐悟懂劲,由懂劲到阶级神明。"这就要求,练武者在摹习某种拳术达到异常熟练的"形似"阶段后,把握住该拳种具有审美价值的个性特征,给予概括、提炼,体现出生动而鲜明的神态情状,在动作中传达出内在精髓,才是武术功夫的最高境界。

第三节 传统武术与中医的相互影响

"起于易、成于医、附于兵、扬于艺"非常贴切地说明了武术在发展过程中受中华文化体系其他组成部分的影响。宏达、缜密的中医理论对武术理论及其技术的产生和演变产生了深远的影响。但这种影响不是单项的,中医与武术的共同方法论基础,以及同属人体文化的性质,决定了武术和中医之间相互渗透与融合的特征。武术和中医之间显而易见地存在着密切的联系,医武同源,互相渗透。医与武之间的关系源远流长,从古到今,它们一直都在相互影响、相互促进、共同发展。

一、中医对传统武术的内功训练及其技击技术的影响

1. 中医对传统武术的内功训练具有指导意义

所谓"内功",本质上就是武术的气功。拳谚说"内练一口气,外练筋骨皮""内外兼修",这几乎是中国武术所有拳种流派的习练宗旨。中国武术非常注重内气的训练,并认为:筋肉、骨骼、皮肤的强壮只是外壮,外壮是较为容易达到的,但如果仅练外壮功,忽视内功修炼,那么不仅达不到最高境界,反而适得其反。《少林拳法秘诀》开首即是"气功阐微",强调武功"要以气功为始终之则"。气功有养气、炼气之说,养气属心意的锻炼,法则全出禅宗;炼气讲究姿势、调息、运气,是一种在佛家禅功基础上吸收道教及民间气功而形成的武术内劲气功。此外,很多传统武术如形意拳、太极拳都讲究"外三合"和"内三合"。其中,"外三合"是指"手与足,肘与膝,肩与胯",而"内三合"就是指"心与意,意与气,气与力"。

武术训练中对内功的认识主要来自中医的"精气神学说"。中医将"精气神"看做人的"三宝"。"精气神"三者有着密切联系,如《类证治裁》云:"精生于气,气化于精,精化于气,气化于神。"《庄子·知北游》云:"人之生,气之聚也,聚则为生,散则为死。"中医"精气神学说"对武术理论与实践产生了重大影响,其是武术"精气神"的理论之源。"精气神"在武术训练和演练中表现为"外练筋骨皮,内练一口气"的内外兼修、形神兼备的武术整体观意识,武术训练依照这一规律,用多种锻炼的方法来促进"精气神"的转化和表现,提出了"调身、调息、调心"的运动养生原理。

武术的气功和内力的习练,最具普遍性并成为武术基本功之一的就是桩功。桩功亦称站桩、站裆、底盘、马步等,通常是习武入门的第一步训练内容。俗话说"为习打,先练桩",亦即此意。而站桩的目的,《少林拳术秘诀》解释得很清楚:"盖寻常未经练习之人,气多上浮,故上重而下轻,足胫又虚踏而鲜实力,一经他人推挽,则如无根之木,应手即去,此气不练所致也。"而桩功提升内力及健身功效,源于传统的养生学的导引吐纳之法。《黄帝内经》中说:"提携天地,把握阴阳,呼吸精气,独立守神,肌肉若一。"其中的"独立",就是站桩的雏形。

桩功虽是一种静力性负荷练习方法,但不仅是练习筋骨、坚固外形、增强下盘劲力的手段,它也是系统的内练方法。仅以通背拳"平林桩"为例,练习时,要求"安定神思,吸气纳入丹田,升真气于头,缓至俞口,降于丹田,再下至会阴,由会阴至涌泉,后上至外胯,升于丹田,然后意领由尾闾至夹背,过玉枕上升泥丸宫,从颜面而

下,至喉由胸下至丹田……"(《通背拳内功真谛》)。

2. 中医的理论丰富了武术的技击理论体系,有助于武术攻击能力的提升

比较有代表性的是经络学说对传统武术击技的指导。在武侠小说和功夫片中,我们都见识过点穴法,一旦被对手点中穴位,不是立时毙命,便是身体僵直,数个时辰不能动弹,直到穴道解开方能恢复。古代的典籍中,也不乏有关点穴法的记载,《少林拳术秘诀》云:"盖以三丰,绰号张邋遢,为明时技击术之泰斗。……能融贯少林宗法,而著力于气功神化之学。晚年更发明七十二穴点按术,为北派中之神功巨子。"又有所谓张全一者,"以俗子内家,忽而传外家衣钵,而又创明点穴法。于是缁衣之徒,亦相率而宗之"。

黄宗羲所撰《王征南墓志铭》亦记载王征南"凡搏人皆以其穴",据说一次一个恶少侮辱王征南,一击之下,这个恶少竟数日撒不出尿来。登门赔礼道歉后,王征南才解了他的穴道。一个牧童偷学王征南的手法,用来点击伙伴,伙伴立刻死去。请来王征南,他问明情况后说:这是晕穴,不久就会苏醒过来。果然牧童的伙伴一会儿就醒过来了。

那么,点穴法理论上是怎样施之于人体而在技击中奏效的呢?这其实跟中医的经络学说不无联系。传统中医学认为,人体存在气血循行的路径——经络。经脉是经络系统的纵行线;而络脉是经脉大大小小的分支,纵横遍布全身。经络是气血运行,联系脏腑四肢,调节人体各部功能的必要通道。人体有"十二经脉",即:手太阴肺经、手阳明大肠经、足阳明胃经、足太阴脾经、手少阴心经、手太阳小肠经、足太阳膀胱经、足少阴肾经、手厥阴心包经、手少阳三焦经、足少阳胆经、足厥阴肝经。人体又有"奇经八脉",即督脉、任脉、冲脉、带脉、阴跷脉、阳跷脉、阴维脉、阳维脉。在经脉的行经处,又遍布穴位,也有称穴道、腧穴。"奇经八脉"中的冲脉、带脉、阴跷脉、阳跷脉、阴维脉、阳维脉没有本经的穴位。"十二经脉"加上"奇经八脉"中的督脉、任脉,共有穴位三百六十余。除此还有"经外奇穴"若干。穴位是经络、脏腑气血输注出入处,在穴位处施以某种刺激,便可阻断、壅塞经脉的气血运行。《灵枢·经脉》云:"经脉者,所以能决生死,处百病,调虚实,不可不通。"经脉的阻塞,便会导致脏腑正常功能的破坏。武术的点穴法,完全以传统医学的经络学说为理论依据。

点穴法所击部位也不全是经脉穴位,也包括浅表敏感神经、神经丛、血管重要通道以及诸如骨缝等人体薄弱部位。不过,毕竟以点打经脉空位为主。而穴位有敏感的,有不敏感的,有深藏的,也有现于体表的。点穴所取穴位便因之相应地有所区别和选择。据唐豪《人身穴道并治疗法》介绍,这些穴位受击后初期症状不一。重创腰眼穴,可致发笑不止;重创长强穴,可致屎出脾泄;重创正分水穴,可致大小二便不通;重创华盖穴,可使人立即昏厥。在实际运用中,上述穴位肯定有点中即

能奏效的,但是否都能奏效,仍需系统研究与证实。

二、武术丰富了中医健身的手段和方法

武术界历来将少林武术溯源于禅宗初祖菩提达摩,称达摩见徒众久久坐禅,肢体羸弱,昏沉瞌睡,于是教以拳术,令活动筋骨。达摩生于南印度,婆罗门种姓,出家后倾心大乘佛法,自称"佛传禅宗第二十八祖"。南朝梁武帝时期,达摩来到南朝都城建业拜会梁武帝,但两人交谈并不很投机,于是达摩"踏一枝芦苇渡江",北上北魏都城洛阳,游嵩山少林寺,在那里独自修习禅定,面壁九年,时人称他为"壁观婆罗门"。而达摩终日静坐,不免筋骨疲倦,又加上在深山老林,要防野兽和严寒酷暑的侵袭,为了驱倦、防兽、健身、护寺,达摩等人仿效我国古代劳动人民锻炼身体的各种动作,创编健身活动的"活身法"传授僧人,此即为"少林拳"的雏形。此外,达摩在空暇时间还练几手使用铲、棍、剑、杖等防盗护身的动作,后人称之为"达摩铲""达摩杖""达摩剑"。以后,他又吸取鸟、兽、虫、鱼等的飞翔、腾跃的姿势,发展丰富了"活身法",创编了一套动静结合的"罗汉十八手"。朱鸿寿《少林拳法图说》、无谷《少林丛谈》等不少书籍都提到达摩创拳用以健身的故事。其实,不仅仅是少林拳,很多中国武术的拳种或支系并不是由于其攻防实战的实效显著,而是凭借其显著的健身作用而广为流传的,最典型的例子就是太极拳。

太极拳是综合了明代以来经典的拳法,结合了古代的导引、吐纳术,吸取了古典哲学和传统中医理论而形成的一种内外兼练、刚柔兼济、柔和、轻灵的拳术。它注重意识、呼吸和动作三者密切协调配合,融拳、哲、医三理于一体,是具有别具一格的技击、哲理和健身等多重功能的优秀传统运动项目。陈氏太极拳作为太极拳的主要支派,相传为明末清初的陈王廷参考明代戚继光的《拳经》,道教的养生方术《黄庭经》和《易经》而创的。最初的太极拳很像少林拳,异常刚猛,这可以从陈氏太极拳的一支——炮锤中可窥见一斑。然而,在其后来的发展中,特别是当代社会,太极拳被广泛流传更重要的则缘于其健身养生的价值。

太极拳的健身价值可以体现在几个方面。比如,太极拳提供了"练精化神"的修炼方法。中医讲"肾为先天之本""肾藏精",就是说人体生命的维持,必须依靠后天之精来滋养,而五脏六腑的精气充盈,都归藏于肾。腰部的主要脏器就是肾,肾精是生命的基础,肾精的盛衰密切关系着人的生长、发育、衰老和死亡的整个过程。太极拳运动是处处以腰部为主的,全身各部肌肉、关节、内脏器官、机能、内部和身躯四肢外部的全面完整与"内外统一"的活动。"主宰于腰""命意源头在腰际""以腰为轴""拿住丹田练内功"和"时刻留意在腰间"等太极拳的修炼理论,充分表明了腰在太极拳中承上启下、牵动四两拨千斤的重要作用及主导地位。此外,"弓腰敛

臀""腰为一身之宰,能松腰然后两足有力下盘稳定,虚实变化皆由腰转动"等太极拳的技术规格要求,对人体腰部的强壮锻炼和养精蓄锐很有好处。

再如,中医学常用气的运化来解释生命现象和生理活动,并就人体之气的分布、生成与功能的不同分为元气、宗气、营气、卫气等,但其中最重要、最基本的是元气。元气又由肾气和肺部吸入的空气汇合并与脾胃吸收运化来的"水谷精气"合成而来。元气是人体生化动力的源泉。太极拳锻炼就是要在意识引导下使呼吸与动作相结合,做到"气沉丹田""以意行气""以气运身""循环全身",要求"心与意合、意与气合、气与力合"的"内三合"等拳论,与中医所谓"气为血帅""血随气行"的理论又很一致。常打太极拳者,深、长、匀、细而有力的呼吸,可使胸部呼吸顺畅,加大肺活量,促进吐故纳新,增强人体的新陈代谢,提高人体的气化功能。同时,太极拳"气沉丹田"的逆腹式呼吸,可使膈肌有力,肺组织弹性增强,在膈肌不断起伏,腹肌一张一缩的动作呼吸配合下,可以有规律地"按摩"内脏,促进肠胃蠕动,并加强内脏与消化道的血液循环和有关津液的分泌,改善局部循环,对体内的消化吸收很有帮助,从而也就有效地增强了人体"水谷精气"的提炼,起到蓄神入骨的作用。

武术与中医传统理论的密切结合在形意拳中也能得到很好的体现。根据"天人合一""宇宙整体"的观念,即取类比象的原则,中医理论把人的脏腑依其不同属性、功能和表现形态,分别划归于某行之中。脏腑于五行大体这样相配:肝胆属木,心、小肠属火,脾、胃属土,肺、大肠属金,肾、膀胱属水。如前所叙,根据五行学说中金、水、木、火、土诸类物质的特性,将形意五行拳归属为诸行,劈拳形似斧,取劈物之意,属金,力发于肺;钻拳形似闪电,取其有曲曲流行、无微不至、无孔不入、无空不钻之意,属水,其气发于肾;崩拳形似箭,取快速迅猛、冲穿锐利、力能穿林透物之意,属木,其气发于肝;炮拳形似火炮,取其有爆发猛烈之意,属火,其气发于心;横拳形似弹,取弹弓抖绝之意,属土,其气发于脾。

总之,传统武术将中医对人体结构的认识以及精气神学说、藏象学说与经络学说运用到武术的训练体系的认识和实践中,促进了武术的内功修炼和技击能力的提升。而另一方面,多样化的武术训练手段和方法,也印证和丰富了中医的养生和保健理论知识。

第四节 传统武术的伦理型文化特征

伦理思想是一种社会调节体系,起着协调人与人之间的关系,规范人们对社会和国家的义务等作用。中国传统的伦理思想,指的是以儒家伦理为观念架构,以宗法血缘关系为社会依托。研究中国的历史及其文化体系中的任何一个组成部分,都不能忽视伦理思想的影响。伦理思想既定的道德判断和价值尺度也渗透于武术文化的整个系统之中,伦理道德学说曾经长期充当维系中国社会秩序的精神支柱。而道德的这些特殊性质,给伦理型的中国文化打上了深刻的烙印,同样也为传统武术文化注入了重要的内涵,使传统武术文化凸显伦理文化特征。

一、家族主义精神的人伦观

中国古代历史的发展脉络,不是以奴隶制的国家代替由氏族血缘纽带联系起来的宗法社会;而是由家族走向国家,以血缘纽带维系奴隶制度,形成一种"家国一体"的格局(张岱年《中国文化概论》)。但是,氏族社会的解体在我国完成得很不充分,因而氏族社会的宗法制度及其意识形态的残余大量积淀下来。中国社会是由家庭组成家族,再集合为宗族,最后组成社会,进而成为国家的基石。这种社会结构给宗法制度、宗法思想的迁延、流衍提供了丰厚的土壤。因此,家族主义精神深深地渗透在中国古代的伦常关系、道德体系、社会价值观念和民众行为方式乃至政治制度中,是中国传统伦理文化的基本精神。

中国古代通行的价值观念中渗透着家族至上观念。至晚从春秋时代始,祭祖和保卫宗法家族制被视为头等大事,即《左传》成公十三年所说"国之大事,在祀与戎"。后来又有了"福莫大于昌炽,祸莫大于无嗣"(皇甫谧《列女传》)的评价和追求,家族兴盛与否是人生最大的幸或不幸。"君父""父母官""子民"一类的词语被用来作为判断政治好坏的标准;而评价臣民行为善恶的价值标准是"百善孝为先,万恶淫为首",其出发点则是维系家族宗法秩序的稳定。而民间则普遍供奉的"天地君亲师"五字牌位中,天地是一个朦胧背景,师是为君主专制和父权统治服务的,君在根本上又与父相通,是父的延伸扩大,其核心实为父。

传统武术的人伦观以忠孝为首,突出师徒如父子关系,其实是家族主义伦理的体现。武术谚语有许多形容师徒关系和忠孝伦常的描述,比如"爱徒如爱子,尊师如尊父""师爱徒,要尽心尽力,无微不至。徒尊师,要诚心诚意,长年不断""尊师要像长流水,爱徒要像鸟哺雏""相逢不是忠良辈,他有千金也不传"等。戳脚翻子门的《五不传诫言》较完整地体现了"忠孝为首、孝悌忠信、尊师爱国"的传统武术伦理内涵,其具体内容为:"伤人之术,不可不传,又不可不择人而传。法约:不忠不孝者不传,不仁不义者不传,无礼无信者不传,好勇性贪者不传,人不谨慎者不传。古人云:教人不善,罪在于师。为师者不可不慎哉。"

二、道德至上的价值观

作为"道德型"的中国文化，不讲或很少讲脱离伦理学说。在中国文化系统里，本体论和认识论都不太发达，有关宇宙和智力问题的探讨，往往都从属于或落脚于道德问题的基点上，认为齐家、治国、平天下都要以"修身为本"，呈现一种以"修己"为核心的，向齐家、治国、平天下扩散的一组同心圆。如曾子所说的"吾日三省吾身：为人谋而不忠乎？与朋友交而不信乎？传不习乎"，便是儒家典型的追求个人的道德修养，以求塑造理想的人格。而"射而不中，不怨胜己者，反求诸己"式的聚向伦理中的反思，同样体现了道德至上的价值观。

传统武德主体内容与习武实践阶段有着密切的相互关系。传统武德的实践程序大致有两个阶段：一是择徒拜师。传统武术对于择徒，始终是以德为先决条件，同时对师也有道德标准，既要求为师者有良好的道德修养，又要承担起对徒弟的道德责任；二是在与人交手的过程中，要保持克制，注重个人的修为。武术虽是一种击杀术，但它在切磋中讲究点到为止，不伤和气，这也是中国传统文化的道德至上和中庸之道的内在要求。著名武术家孙禄堂先生曾谈道，所谓武德，应包括两个内容，一为手德，一为口德。手德，就是点到为止，尚德不尚力；而口德，就是要谦虚，"不可妄论他人之长短"（孙禄堂《拳意述真》）。

但是，武德中某些属于特定社会内在伦理的内容已不适应时代，需要加以批判。比如宗法观念造成的门户观念，以及对某些武术大师或师父表现出的"忠"的观念等。但整体而论，武德中绝大多数内容与术语体现了人类精神与信念的社会基本伦理，这些无疑又具有永恒的价值。

今天我们审视传统武术与中国文化的关系，必须认识它的伦理型文化的特征，因为一个民族的伦理是一个民族文化的价值系统，而武德作为中国伦理文化的子系统，则决定、评判着武术文化的价值系统。我们要研究武术文化，就必须认识武术文化所体现的"家族主义精神的人伦观"和"道德至上"特征，而其深层次所反映的则是中国文化的伦理特征。

第三章　传统武术功法训练

拳谚说:"练拳不练功,到老一场空。"功法训练是指为获得和提高武技所需的身体能力而组织实施的身体活动过程。武术功法涵盖多个方面,而且有着深厚的理论根源,包括周易、太极、五行、道体和"气"论等传统哲学理论,精神气血形、藏象学说、经络学说、药剂伤科等传统医学理论,宗教文化思想以及传统气功理论。武术功法训练的目标追求,主要表现在拳种内功法对于特殊劲力,拳种外功法对于特殊功夫以及两者对于强健身体的追求三个主要方面。

第一节　武术功法释义

"功"字本身存在多种表述,其指意有所不同。《中国武术大辞典》中对"功"作出了四种解释:①器械坚利。《管子·屯法》:"器械功则伐而不费。"②功夫,武功。包括素质、功架、技术等。多指专门功夫,如腿功、腰功、硬功等。③指基本功。拳谚曰:"练拳不练功,到老一场空。"④能量转换的基本物理量。武术中的功主要表现为拳脚击打力量、位移速度、静止姿势持续时间及意念活动所产生的能量变化。"功"常与其他语词共同出现,亦存在多种表述。比如,"功"与"法"合而成为"功法",与"力"合而成为"功力",与"夫"合而成为"功夫"。

就"功法"内涵而言,武术中有"练拳不练功,到老一场空"的至理名言,其中"拳"指"拳技、招法和套路","功"指武术功法、功力。意思是如果只练拳,不练功,虽然也能记得些拳路、招法,却会由于缺乏桩功练习而下盘不稳;缺乏柔功练习而伸展不开;缺乏硬功的训练,因此虽然击中对手,但无攻击力度。此外,"功"往往是跟时间联系在一起的。比如拳谚说:"一日练一日功,一日不练十日空。"可见,中国武术中的"功"的提升,是时间慢慢耗出来的,是从练习、沉淀、积累中得来,不可急于求成的。

一般认为所谓功法,就是练功的方法。功法特指为增强体能、技能、心理素质而编组、创设的各种身体练习,突出动作内容与形式。而功法训练则特指武术功法的实践过程,突出活动操作程序、手段与过程。简而言之,功法是练功夫的方法;而功法训练指练功的过程。

就武术功法而言,有学者将其定义为"有关武技能力的训练方法"。而康戈武教授在《中国武术实用大全》一书中将"武术功法"定义为:为掌握和提高武术套路和格斗技术,诱发武技所需的人体潜能,围绕提高身体某一运动素质或锻炼某一特殊技能而编组的专门练习。就其一般意义而言,可以将其理解为:获得和提高武技所需的身体能力而组织实施的身体活动过程。

第二节 传统武术功法的分类及其内容

按不同的标准,武术功法可以有不同的分类。按身体部位,可分为手功(掌、腕)、臂功(肩肘)、腰功、腿功(膝功)、脚功等;按运动形式,可分为快功、慢功、拳功、桩功等;按控制方式,可分为内功、外功、气功等;按辅助器材,可分为轻、中、长、短、固定、移动等;按功能开发,可分为轻功、行功、软功、硬功、烟水功等。

如按功能类型,可将武术功法分为拳种内功法、拳种外功法、疗养类功法三大类。其中,拳种内功法又可分为拳种内特有功法、拳种内共有功法、基本功三类。特有功法为拳种的"立拳之本",是共有功法的"立武之本",基本功为拳种的"拳技之本"。而拳种外功法又可分为击打类、抗打类和生存类。疗养类功法则分为壮体疗伤类和养生健身两大类型。

根据实际教学需要,本书摘录了五个常用的武术功法练习方法。其中,站桩和打坐属于疗养类功法,主要用于放松精神、大脑入静、冥想养神、增强内力。此外,实际教学中我们发现,利用器械进行武术功法的练习,能够取得良好的锻炼效果。比如扔沙包不仅能够增加力量练习,同时还能锻炼双手抓握和身体协调发力的能力;而抖大杆则有助于提高对横向力和身体的综合把控能力。

第三节 传统武术功力练习的常用方法

一、抖大杆

抖大杆(大枪)是传统武术中求取整体力和爆炸力的主要手段,也是获取深厚功力的秘传功法。经过抖杆练习,可增长两臂松沉劲和内劲的结合,和采劲结合锻炼效果更佳。

大杆源于古代长枪术,长约三四米为大杆。大杆是专指白蜡木而言,一般的树干或者钢、铁管都不及白腊杆。抖练的大杆应比一般器械的杆身粗长,其杆头直径大约在5厘米以上,杆尖(即杆尾)直径大约在4厘米以上,杆长应在4米以上。

练习大杆需注重两个原则:①上执重物,下必是桩,桩即桩功;②短不贴身,长不离身,短则以身带臂,扫劈斩抹,长则身械一体,挑刺崩摇。从某种意义上说,练习大杆是拳械并练,所以更需严格遵守拳学的原则,练杆之法是"以桩运械"。执杆之法曾由祁州张树德先生改为大式,此法对于增长功力效果很大,通常习练大杆也从大式执杆法入手。

抖大杆不仅具有强身健体的功效,而且被视为上乘功法。戴家心意门将抖大杆功法和大枪术视为不传之秘,是修炼抖擞劲的基础。太极门的杨班侯自幼习太极大枪;郝为真能将重八十多斤的铁杆子连抖两百多下。八卦门也有"一年杆子顶二年拳"的说法,认为抖大杆比转掌走圈增长功力更快;郭云深的抖大杆功不同凡响,门下弟子也多下工夫抖大杆。王芗斋先生少年学得抖大杆,出道后以抖劲发人而成名。以下简介三种常用的抖大杆方法。

1. 缓动法

练法:双腿成半马步,腰身挺直,右手握住大杆根把,右肘略微下沉,左手伸直如套笔管握住大杆,杆身紧贴于胸前,目视杆尖(见图3.3.1)。腰部发力,以腰身带动大杆缓缓地左、右、上、下、圈转移动。

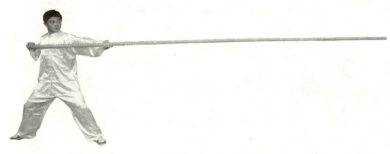

图 3.3.1

要点:①动作要缓,保持匀速,切不可时断时续时快时慢;②杆贴身保持不动,以腰身带动大杆移动,而不是手臂挥杆;③全神贯注,眼随杆尖移动。

2. 米字法

米字法抖杆是传统武术独特的训练方法,顾名思义,米字抖杆法即手持大杆用大杆在空中书写"米"字。在实战攻防中,无外乎上、中、下和左右这几个方面,米字法练习巧妙地都包含了这几方面。

练法:持杆桩法同缓动法。腰部发力,以腰身带动大杆走"米"字路线(见图3.3.2)。

图 3.3.2

要点:①初练时应先熟悉"米"字的方位,然后持杆由慢而快,依次发力练习抖杆;②切忌机械地以杆划格,而应是内在劲力的爆发;③熟练后应不断缩小杆击打方位,到最后以一点为目标进行训练。

3. 摇旗法

摇旗法即假想手中大杆为旗杆,尖端挂着一面旗帜,以摇旗的方法进行抖杆训练。常用摇旗抖杆法分为两种:一种是左右横摇旗,另一种为左右圈摇旗。

(1) 左右横摇旗。

做法:持杆桩法同缓动法。腰部发力,以腰身带动大杆左一下、右一下地卷动(见图3.3.3)。

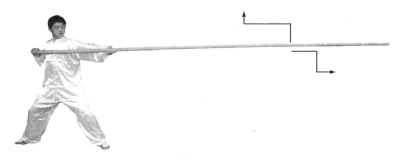

图 3.3.3

要点:①腰为力量之源,杆紧贴身体,以身运杆;②眼随杆走。

(2) 左右圈摇旗。

做法:持杆桩法同缓动法。跟横向摇旗不同的是杆走弧线,即画圈(见图3.3.4)。

图 3.3.4

要点：同左右横摇旗法。

二、石锁

1. 石锁概述

石锁是一种练习臂力、增强体质和技巧技能的运动。玩石锁、石担已有近千年的历史，其起源可以追溯到上古时期。有记载石锁运动相传源于唐代，盛于清末民初，曾是古代习武者必备的武术功力训练和武科举"弓、刀、石、马"的考试科目之一。《上海体育志》记载青浦 1935 年就举办过石锁比赛和表演，当时的石锁分 15 公斤和 25 公斤两种，技巧动作有单花、双花、推砻、盘地翻、雪花盖顶等十多种。在我国的民族传统体育项目中，石锁在民间一直以自发的状态在延续与发展，已成为群众强身健体、喜看乐练的一项体育活动。

石锁的制作材料不一，发展形态多样。以青石（也可以用其他材料）凿成古铜锁的形状，即用一长方形石块，凿一把手，以便举、接、掷、抓。石锁分为锁身和锁簧两大部分，石锁与一般铜锁无异，有簧有壳，但无投匙之孔窦，其重量不一，大小不等，小者二十斤，大者六七十斤，其玩法很像现在的哑铃。

以前的石锁多用麻石或青石为原材料，但石头密度大，体积小，很小的一块石头就很重，抓上去手感冰凉，掉在地上很容易摔碎，不利于练功和大众推广性体育锻炼。如今石锁选用整段优质木材为原材料，经传统工艺镟造后，仔细锻磨、抛光后加工成古铜锁状。石锁全为一体（纯实心），木纹清晰可见，手感温润、淳厚、实在，经高温烘干处理后，不燥不裂。随着体育工作越来越受到社会重视，群众健身热潮不断迭起，为保护与传承这项运动，石锁运动已列为国家非物质文化遗产。

2. 石锁技法

（1）单一技法。石锁运动流传至今的技法大多是以单一动作形式存在的，各个动作之间没有固定的必然联系，这种技术动作约有 40～50 个。经过较为全面的考察,可以将这些技法分为三类:提举、抛接、旋转。

提举是石锁练习的基本动作之一,即将石锁单手提举至胸部以上位置,可分为胸前正面提举和身体左右两侧提举。

抛接是将石锁猛提然后突然撒手,石锁上升至一定高度,在下落时另一只手顺势接住。抛接是练习石锁花样技法的基础之一,可根据不同的方向抛接,例如上下抛接、左右抛接、胯下抛接等。抛接时要注意借用好惯性。

旋转是在抛接的基础上,利用巧劲使得石锁在抛升和下落过程中进行旋转,然后恰到好处地接住,再进行下一个动作练习。

(2)组合技法。进行组合套路训练与表演时最适宜的重量是20～30公斤,在此重量下进行60～90秒的运动能充分体现石锁水平,能展示10～15式连续动作。

翻花:石锁在空中向前翻和向后翻滚;

飘花:石锁在空中平转为飘花,又称云花;

推花:翻花时用手加力推石锁为推花;

拨浪鼓:石锁左、右转动称为"拨浪鼓";

打花:翻花时加力打石锁,使其加速翻滚为打花;

握拳接:又叫石锁上拳,即用拳头接住空中的石锁;

盘肘接:又叫石锁上肘,即石锁在空中翻花后用肘关节托住石锁;

石锁上指:用三个指头接住空中翻动的石锁,使石锁从肩、背部向上转向身前上方接住;

背剑:又称苏秦背剑,手臂向后上抛石锁,使石锁从肩背部向上转向身前上方接住;

蹁马:又称张飞蹁马,把石锁从腿下抛出,在胸前接住;

腰穿儿:石锁从腰的一侧抛出,从腰的另一侧接住;

钻裆:又称"凤凰出窝",把石锁从两腿中间自下经后背抛出,在身体前上方接住。

3. 石锁练习步骤

第一步:练提托。上下托举:一手握簧提至胸前,折腕向上举然后落下,以此反复练习,增强臂力。左右悬提:左右侧平提练习,将锁提至与肩齐平,练习手臂的悬劲。

第二步:练习翻接盘腰等法。翻接是指提锁翻起,猛力上掀而脱手,使石锁在空中翻转落下时接住,初学不求翻转多次。待石锁转至面前立即抢住锁簧,乘势连续翻接之。按照前翻、侧翻、顶锁的难度顺序进行循序渐进的练习。

第三步:练习背花。右背花时以右手提锁;从右腰后向左肩方向上抛,略扭身向左,从左肩前接锁;左背花动作要领相同,方向相反。练习背花使劲不可过猛,以防损伤,确保手到眼到。

第四步:练习左右盘腰。右盘腰:右手提锁从右腰处后转向左肋下摔去,向左旋身接锁;左盘腰:动作要领相同,方向相反。初学选用轻锁,随后逐渐加重。

三、扔沙袋

1. 扔沙袋概述

扔沙袋,既是中国民间体育活动之一,也是中国武术和摔跤的辅助练习项目。扔沙袋的练法跟石锁练法很相近,但沙袋比石锁更安全,更容易在学校开展和普及。沙袋一般采用布缝制而成,内盛沙子或豆子等细粒状物,外形分为方形和圆形两种,重量视练者需要而定。其功法主要有:单人抛接法、双人抛接法和多人抛接法。主要的扔接技有:体前扔接、转身扔接、背箭式扔接、翻身扔接、举腿扔接、穿裆扔接、腋下扔接、换手转身扔接、背后换手扔接等。在教学实践中常用的若干种方法如下,以供参考。

2. 扔沙包练习法

(1) 单式练法。可分为抓接、抛接。

① 抓接。将沙袋扔起,单手成爪,抓住沙袋一角,顺势拧手,并借着沙袋自身的劲道再次将沙袋扔出(见图3.3.5、图3.3.6)。沙袋可以左右手上下抓接。

图 3.3.5　　　　　　　图 3.3.6

② 抛接。分为上下抛接、左右抛接、前后抛接、钻裆抛接等。上下抛接是基础,在上下抛接技术娴熟的基础上练习背后抛接(见图3.3.7、图3.3.8)等其他抛接。

图 3.3.7　　　　　　　　　　图 3.3.8

要点：抛接时一定要借助沙袋的惯性，面对飞来的沙包，首先预判沙包飞行的轨迹和速度，出手速度要比沙包飞行速度略快，手抓住后手腕迅速拧攥，同时借助沙包飞行的惯性进行抛接。

（2）对练法。两人或多人一组，由远到近地进行练习。两人先从基本的抛接开始，熟练后慢慢地加旋转、挑勾、背花等花式抛接法，最后过渡到多人花样沙包抛接。比如接对方抛来沙包后以背后挑勾的手法将沙包抛出（见图 3.3.9），接对方抛来沙包后从胯下将沙包抛出（见图 3.3.10）。

图 3.3.9　　　　　　　　　　图 3.3.10

四、站桩

1. 站桩概述

站桩是中国武术的一种重要训练方法。中国武术的站桩功法很多,如形意拳有三体式,少林拳有马步桩,太极拳有无极桩等。诸多的站桩功法,尽管难易不一,但强身健体、养生防病的效果却是一致的。站桩能使锻炼者的"意、气、形"三者合一,可起到"凝神练气""练气生精""练精化气""练气化神"的作用。拳谚说"要把骨髓洗,先从站桩起",站桩是一种姿势,这种姿势能调动全身的肌肉,促进气血的流通。

站桩的功效体现为:炼养内气、强壮腿力、调整身形、形成整劲。《黄帝内经·素问·上古天真论篇》提到的上古"真人",他们"提挈天地,把握阴阳,呼吸精气,独立守神,肌肉若一",实际上也可以认为是对站桩功法与效用的描述。长期坚持站桩练习就会发现,整个站桩过程中,人虽然没有剧烈运动,却能感觉身体内的肌肉和血液都在加速运动,人体会出现短暂的疲劳感;每次站桩完毕,又会感到神清气爽,精神焕发。

而从练功的角度上讲,桩法的训练就是把复杂的动作缩减到最小,把气血的能量发挥充裕。而从养生的角度看,第一,能开启身体的穴位,使得气血充足;第二,动中有静,会有些蠕动在里面;第三,既养生又养心,达到身心锻炼的目的。

2. 常用站桩方法

(1) 无极桩。

该桩法简单易学,男女老少、体质强弱均可练习。不讲究行气,更不会出偏差;不受时间、场地的限制;对治疗慢性疾病和强健身心均有显著的效果。无极桩是太极拳的预备式。

练法:两脚分开与肩同宽,两膝微屈,置于体侧,周身放松,空胸实腹,意守下丹田,心中坦荡,内含万物,两目微闭,透视苍穹,通体蓬松,内心宁静,精神愉悦地站立(见图3.3.11)。

从外表看,它是双手自然垂直站立,两脚左右平行分开,距离与肩宽相等;膝关节不要用力挺直,要放松微屈,两膝坚实点、韧带、肉、骨只是轻轻相会。对胯部要求尾闾自然中正,整个躯干要自然放松,既不挺胸收腹,也不弯腰驼背。

要领:两肩的坚实点、韧带、肉、骨放松自然下沉,肘部不要用力伸直,任其保持坚实点、韧带、肉、骨的自然略微弯曲;两掌轻轻向前翘起,掌心朝下,有如坐腕下按之形态;手指坚实点、韧带、

图3.3.11

肉、骨自然分开前伸,但勿用力伸直;掌心在全掌坚实点、韧带、肉、骨舒展的状态下略为内凹,整个掌指如贴在一个大圆球上。两臂勿贴身,有分向左右松开的思想,两腋有空虚的感觉。按照以上姿势站定之后,全身的重量应落承在两脚跟和两脚的外圆上,脚掌和趾不要过分地着力,只是轻贴地面即可,如果掌、趾过分着力,定是身体前俯所致,应予纠正,否则影响全身各部坚实点、韧带、肉、骨的松弛。

(2) 浑圆桩。

练法:两足并行开立,与肩同宽,或比肩稍宽。两足尖指向正前方,或略成八字。两腿屈膝下蹲,初学或体弱者,可采用稍微屈膝的"高桩";久练者应采用大、小腿之间弯成135°角左右的"半桩"。重心放在两腿之间,足心含虚,全足踏实。上体自然正直,头顶起、裆落下,精神提起,含胸拔背,沉肩坠肘,尾闾中正,立身安舒,其身法基本要领与太极拳架全然相合(见图3.3.12)。

在屈膝下蹲的同时,两手由两侧回环于胸前,使两掌心与乳心遥遥相对,中间相隔一横拳半。两手十指和掌心也遥相对应,两手指尖之间,相距一横拳左右。两掌心朝里而略为朝下,腕根塌沉,掌心含虚。两肘须略低于腕部,并用意里裹。全身务须有下沉的气势。

图 3.3.12

要领:两臂环抱成"守中"势,即以头顶百会穴至裆下会阴穴一线为中心线,使全身重心自然地落在两足之间的中心,这样,身法与裆步自然正中安舒,稳定性好。其所以置两臂、两手于圆周线上,乃是含有防御和待机反击、抢攻之攻守意识。腋窝要虚,而两胁空隙相对要实。两腋虚,臂部弹性充足,伸缩余地较大;两胁实,则边门不易受侵。

但腋虚胁实是结合两臂、两肘来说的。两臂既要用意外撑,又要用意里裹,这是有意识在锻炼两臂的掤撑之劲,兼含待机掤发击敌,以及守中防护心窝、胃脘、胁腋等部的职责。与太极拳"掤劲不丢"之义恰合。在此姿势的基础上,若一旦化静为动,那只需以肘为轴,举手向上即可护及头面,落手向下又可防守裆膝。

五、打坐

1. 中国传统文化对打坐的认识

(1) 打坐养生的原理。

打坐的基本原理之一就是收心,同时它亦是打坐的第一步。《黄庭经》中说:"物有自然事不烦,垂拱无为体自安。体虚无物身自闭,寂寞旷然口无言。"收了心,人自然就静下来了,进而进入独坐禁口、唇齿相对、目不斜视、耳不淫声、莫起一念、万事俱忘的境界。

《玄珠心镜注》云:"人能空虚无为,非欲于道,道自归之。"《道德经》曰"塞其兑,闭其门""致虚极,守静笃""虚其心,实其腹"等,说的便是打坐的基础和精要在于静。

在打坐中除了要求静还需求忘。《道枢》曰:"虚无恍惚者,道之根也。生我于虚,置我于无,故生我者神也,死我者心也。"《太上虚皇天尊》云:"虚无自然,道所从出,真一不二,体性湛然。"道家认为万物生于虚无,而打坐做到忘我才能入定,才能使自身重归于虚无,达到天、地、人三者合一的境界。

(2) 打坐养生的作用。

① 保健作用。打坐能打开会阴穴。会阴穴又称铁门,松此穴可牵动全身,有利于血脉流通、气息运行、启动真气而又不外散,有强身、健体、祛病、延寿之功效。

② 减缓疲劳和开悟增智。《易系辞》曰:"寂然不动,感而遂通天下。"司马承祯说:"心者,一身之主,百神之帅。静则生慧,动则生昏。"道家有云:"大道全凭静中得。"说的便是打坐有助于开智。

③ 减缓疼痛。中医对"痛"有一句话叫"不通则痛,不荣则痛"。其中引起"不通"的原因有血瘀、痰饮、气滞等。"不荣"则是指气血运行无力,使得身体无法得到气血充足的涵养,故引起疼痛。而打坐能够调节和推动全身的气血顺畅。

打坐有着悠久的历史,以上的这些作用可能只是我们所发现的"冰山一角"。随着更多的人去了解它、研究它、重视它、运用它,说不定在无意中会有更惊奇的发现。

2. 打坐姿势和动作要点

(1) 打坐的姿势。

目前已知的打坐姿势有 90 多种,盘膝坐姿势是比较普遍的一种坐法(见图 3.3.13),在佛教中这叫"毗卢遮那佛七支坐法",亦即盘坐。练习盘坐需要注意以下几点。

① 腿:两腿双盘,双盘讲究男右腿在前面,女左腿在前面。若做不了双盘,可作单盘,即一条腿在上,另一条腿在下,通常是男左腿上,女右腿在上。

② 脊背竖直:人体的脊柱有 4 个弧形。保持脊柱的竖挺,能使身体处于比较舒适的状态,打坐要确保脊背竖直起来。

③ 肩膀:两肩平并稍稍向后拉,使肺部肋骨打开。

④ 手:手要结手印。如双手重叠,两大拇指对着这个手

图 3.3.13

势是结定印,手要与盘腿动作配合。

⑤ 头:头要正。

⑥ 舌头:轻扣齿,舌抵颚。口中积的唾液称为"金津玉液",具有延年益寿的功效,要咽下去。

⑦ 眼睛:眼睛半开半闭,能有一点亮光为适宜。

(2) 打坐结束后注意事项。

① 麻痹:打坐久了,会感到腿脚麻痹。最简单的方法就是把腿伸直,血液通畅,很快就消除麻痹感了。

② 出现头痛:以右手大拇指及中指同时用力按住眉毛末端处,在眉尾与太阳穴之间骨突处,数次压抑其疼痛点;然后以大拇指及中指同时用力按住眼睛鱼尾纹末处,数次压抑其疼痛点;再以右手大拇指与中指按住脸上两边颧骨最高点中间凹陷处,数次压抑其疼痛点。

(3) 对初学者的建议。

① 时间选择:初学者打坐时间建议选在早起洗漱后或睡觉前打坐,饭后1.5~2小时以上再打坐。打坐时可保持微笑,微笑能使头脑神经放松,心情自然会变得平静些。

② 坐具:若以榻榻米做蒲团,应分上下座两块合成。一般脚放在下座,屁股坐在上座。下座为2尺见方,上座为1尺×2尺,上座高度为1.5寸。坐在榻榻米蒲团上座时,只能坐表面的1/3的部分,如此脊椎骨较易打直。

③ 盖脚巾:打坐的时候,气血较多集中于腿脚以上的部分,下肢温度就会较低,故需要用盖脚巾。

④ 毛巾:打坐宜准备毛巾,打坐完使用毛巾擦汗后,再做养生动作。切不可一边打坐一边擦汗。

第四章 柔中寓刚——太极拳

以太极拳为代表的柔性拳种的出现,是中华武术发展史上的一个里程碑式的创举。太极拳"动中寓静,身心兼修",不仅在于其具有防身自卫的功能,更在于其具有修身养性和减缓多种慢性非传染性疾病的功用。笔者在对上海 15 所高校的武术课程教学内容进行调研后发现,传统类拳种的教学内容偏少,而太极拳已成为当前高校武术课的主要教学内容。这一方面揭示了高校武术教学内容的单一化趋势的现状,另一方面也显现出在当前"大健康"和传统文化全面复兴的背景下,太极拳所焕发的强大生命力和时代价值。

从技术体系的构成角度看,太极拳是一个由功法、套路(单练、对练)、拆招、喂手、推手、散手等环节组成的武术拳种。习练太极拳应体现"练、养、用"三个方面的结合,三者缺一不可。"养"是养生吐纳调息,"练"是掌握套路和功夫基础,"用"是实战检验。目前高校的太极拳教学,过分强调太极拳的养生作用,而对其"用法"和攻防技能则重视不足。鉴于传统推手教学内容复杂、难学且胜负评判不易,本章将介绍一种简约化的太极推手技术方法,从而通过这种技术的普及使更多大学生了解太极文化的精髓和太极拳的技术核心。

第一节 太极拳历史溯源

一、太极拳释义

太极拳古时又称"长拳""软手""绵拳"或"十三势",是一种强调运动者依靠体内外间的协调平衡以松紧有弛、阴阳同济的体育运动形式。在博大精深的武学中,它自成体系,有其独特的拳、械(刀、剑、枪、杆)、推手、散手、对练等演习方式以及比较完整的武术理论。其特点是正、稳、松、柔,刚柔相济,蓄发相变,绵绵不断,静如山岳,动若江河。其中,"太极"一词最早出自《周易·系辞上》:"易有太极,是生两仪。"而何谓太极,先贤们解释不一。庄子云:"夫道,在太极之先而不为高,在六极之下而不为深,先天地生而不为久,长于上古而不为老。"虞翻说:"太极,太一也。"韩伯说:"太极者,无称之称。"孔颖达说:"太极即是太初太一也。"周敦颐说:"无极而太极。太极动而生阳,动极而静,静而生阴,静极复动。"苏轼说:"太极者,有物之先也。"朱熹说:"太极者,理也。"从以上的解释可以看出,太极可以理解为天地万物的本有之体,简称为本体。而太极在道家中一般是指宇宙最原始的秩序状态,出现于阴阳未分的混沌时期(无极)之后,而后形成万物(宇宙)的本源。太极是阐明宇宙从无极而太极,以至万物化生的过程,而两仪即为太极的阴、阳两端。

二、太极拳主要流派的演变历程

虽然太极拳的创始现在还始终难以定论,但目前比较清晰的,也是被大家公认是陈氏第十四代裔孙——陈长兴以后的太极拳演变的过程,这也就是现代意义上的传统太极拳主体的构成。老架是陈长兴在家传的太极拳五路、炮捶一路、长拳108式的基础上,由博返约,归纳成了陈式太极拳一路、二路。太极拳经过陈长兴、陈有本这一代,被保留下来的是太极拳一路和炮捶(现在称为二路),而一路后来又分演出老架、新架。此时,陈家沟陈氏十四世陈有本也创造了一个套路,这个套路圈比较小,发力少,没有大架宽大,人们就称它为小架(也称新架)。从架势来看老架与新架一样宽大,一些老架原有的高难度的动作被摒弃了,赵堡架是新架之后出现的,其中代表人物是陈清平。有关赵堡太极拳渊源的问题,在杜元化的《太极拳正宗》所记载的是:蒋发→邢怀喜→张楚臣→陈敬柏→张宗禹→张彦→陈清平,另外也有人说陈清平的拳是跟陈有本学的,后来入赘赵堡镇,所传下来的拳势和老架相同,相比之下圆形运动的特点比较突出。20世纪70年代,陈发科创造的新架传到陈家沟后,为了区别,就把这三种拳架分别称为老架、新架和小架。这三套拳架,整个套路的布局基本相似,只是每个动作的演练形式有所不同:老架舒展、大方、沉稳,连绵不断;小架动作连贯性强,小巧玲珑;新架在老架的基础上,加大了陈式太极拳缠丝劲的表现,松活弹抖的动作比较多。陈氏太极拳又分为一些派别,比如陈氏洪派太极拳就是典型的代表。

陈长兴一生所授门徒众多,他也是第一个打破门规,将陈氏家传太极拳外传社会的第一人。陈长兴的这一举动为后世太极拳流派的产生奠定了基础。太极拳不同流派的出现经过长时间的演变,经历了杨露禅偷拳到孙禄堂晚年定型的孙式太极拳,在这期间形成和定型了现今流传较广的杨式、武式、吴式、孙式,并且陈式太极拳也随之定型,从而形成了现今流传较广的陈、杨、吴、武、孙五大流派的太极拳。

其中，杨露禅从学于陈式太极拳陈长兴老架太极拳，以老架太极拳一路为母本，再经自己发展创编，逐渐形成了杨式太极拳体系。杨露禅之三子杨健侯，自幼从父习太极拳，终日苦练，终成大器。他将杨露禅所传的老架改为中架，在太极拳发展和传播中，起了重要作用。杨健侯之子杨澄甫，将太极拳在其父修订的中架的基础上，再行修订，遂定型为杨式太极拳大架，现今流传广泛的杨式太极拳即为此。其拳架特点是：架势舒展简洁，动作松柔，立身中正，行功轻灵洒脱。

在这个过程中，跟随杨露禅和他的儿子杨班侯学习拳术的全佑，他的拳架经过他的儿子吴鉴泉的进一步修改，形成了功架紧凑、安静自然、招式严密、细腻绵柔的特征，这种与杨式近似的太极拳，定型为吴式太极拳。吴式太极拳分南北两派，南派为吴鉴泉传承，北派为王茂斋传承。

武禹襄，河北省永年县人，自幼习文好武。先跟随同乡杨露禅学习了陈氏老架太极拳，后亲赴河南，从温县赵堡镇陈清平学习陈氏新架太极拳，得其精妙，并从长兄武澄清处得王宗岳《太极拳谱》，读后大悟。在钻研太极拳陈氏新老架势的基础上，结合《太极拳谱》之精华，通过自身练拳体会，融会贯通，创出姿势紧凑、动作舒缓、身法端正、步法轻灵并要求内气潜转，以气成式的太极拳练法，自成一派。后来由李亦畬进一步完善定型后，称之为"武氏太极拳"。该拳具有独到的拳架动作形态，虽与杨式和陈式在拳套编排结构上类似，可高度抽象概括的动作形态与杨式和陈式不同，概括所有技法仅是"开合"两字，强调开合虚实，架势紧凑。

孙禄堂，河北顺平县北关人，自幼天资聪颖，勤奋好学，早先擅长形意和八卦，后来又跟随郝为真学习武式太极拳，学成后，他把形意和八卦的体悟也融进了太极拳中，选取了这三个流派的精华，创造出高架活步太极拳，晚年定型为孙式太极拳。

陈发科是陈延熙的儿子、陈长兴的孙子，他于1928年去北京教授拳术，不仅从此确立了陈式太极拳的地位，而且还广泛地传播了动作螺旋缠绕、有顿足发力的陈式太极拳。陈发科进京授拳时，杨式太极拳在北京已经广泛流传，只是还没有定型，陈发科的进京授拳，使两个流派的太极拳形成鲜明的对比，在一定程度上促使了杨式太极拳的定型，才确立了陈式太极拳的地位。纵观五式太极拳流派的演变，我们可以发现太极拳流派的演变是：陈长兴→杨露禅→吴鉴泉；陈清平→武禹襄→孙禄堂。在这个过程中，几个流派的演变都与流派创始人的自身条件和习武根基有关。新中国成立以后到现在，太极拳基本上是在进行大量的普及和推广，各个流派的太极拳基本上没有发生大的变化，像国家新编的一些太极拳套路，也多是以这五式太极拳为蓝本。

第二节　太极拳的身心兼修功效

太极拳博大精深,其独特的文化魅力和显著的健身效果,吸引了广大国内外的爱好者。大量的科研研究和实践经验证明,太极拳不仅具有修身养性功能和别具一格的技击功能,而且具有良好的健身和预防疾病的功效,是中国传统养生方法的杰出代表。

一、太极拳身心兼修的生理机制

1. 太极拳对神经系统的影响

神经系统是调节与支配所有系统和器官活动的枢纽。人类依靠神经系统的活动,以适应外界环境并改造外界环境,并使身体内各个系统与器官的机能活动按照需要统一起来。练习太极拳要求做到"心静用意""意守丹田",即要心平气和、集中精力,用意念引导动作。这样,在意识的支配下,人的意念始终集中在动作上,排除了大脑中其他思绪的干扰,专注于指挥全身各器官系统机能的变化和协调动作,使神经系统受自我意识控制的能力得到提高。同时,能使大脑皮质的兴奋和抑制过程达到高度的平衡,从而使中枢神经得到良好的调节和休息,使神经系统功能得到良好的恢复和改善。

2. 太极拳对呼吸系统的影响

呼吸是人的一种正常的生理现象,同时又是重要的养生之道。人的一呼一吸承载着生命的能量。腹式呼吸是让横膈膜上下移动。由于吸气时横膈膜会下降,把脏器挤到下方,因此肚子会膨胀,而非胸部膨胀。从人类进化的历程看,人直立行走后,由腹式呼吸变为以胸式呼吸为主,这种呼吸极大地限制了肺活量。而肺活量则是决定人体健康的重要指标。根据医学研究,当健康出现致命的问题时,肺活量会急剧下降。太极拳的腹式呼吸,可使横膈升降运动幅度加大,可以大大提高肺活量,使呼吸功能得到改善,保证气体交换和代谢的正常进行。太极拳运动所强调的"深长匀静,气沉丹田"的腹式呼吸,能使膈肌有节奏地增大上下运动,使肺能够充分地发挥作用。此外,有节律的呼吸,通过横隔膜上下带动内脏按摩,可增加吸收深度,保持肺组织的弹性,发展呼吸肌,改进胸廓活动幅度,从而增大肺通气量,提高肺脏通气、换气功能,增强呼吸功能。

3. 太极拳对消化系统的影响

其一,能增强肠胃蠕动,促进消化。练习太极拳要求含胸拔背、松腰敛臀,然后两足有力，下盘稳固，虚实变化，皆由腰转动。拳谚说"命意源头在腰际"，腰的转动幅度大，带动胃、肠、肝、胆、胰大幅度转动。深、长、细、匀的呼吸，横膈肌活动范围的扩大，对于肝、胆起按摩作用，可以消除肝脏淤血，改善肝功能，甚至治愈肝炎等疾病。同时，加强胃肠的蠕动，促进消化液的分泌，进而改善整个消化系统，对治疗胃肠方面的慢性疾病，效果非常明显。这样有利于做好腹式呼吸。其二，练习太极拳能缓解不良的情绪，对消化系统产生积极影响。身体若经常处于紧张状态或恐惧、悲痛时，就会导致胃炎、胃溃疡、消化不良等疾病。而太极拳锻炼恰恰能缓解压力、稳定情绪，保持良好的精神状态，更有助于促进消化系统功能。

4. 太极拳对循环系统的影响

人体的生命活动离不了循环系统，身体的健康主要源于循环，因此身体有不适的人可以通过练习太极拳加以改善。循环系统是一个封闭的管道系统，按管道内流动的物质不同，分为心血管系统和淋巴系统。目前人类的"第一杀手"是心脑血管疾病。预防心脑血管疾病，除了改善生活方式，最主要的手段是运动。太极拳是一种螺旋式的弧形运动，这种运动过程对血管与淋巴管能起到良好的机械按摩作用，促使阻塞的或狭小的动脉两侧的小血管分支得以扩张，保持气血畅活。有研究表明，坚持太极拳运动可以减小外周血管阻力，会促使血管弹性增加，毛细血管增强，改善血液循环。练习太极拳要求全身心的放松，从而反射性地引起血管舒张，最终减轻心脏负担，使高血压得以降低。因此，经常练习太极拳可以明显地对心、脑血管系统的疾病起到良好的防治作用。而循环系统加快，能及时排出体内毒素，这样能提高身体的免疫力，对疾病产生抗体。研究表明，太极拳运动能明显提高脾脏、胸腺、淋巴结等免疫器官的工作效率，使淋巴细胞产生更多的免疫球蛋白，壮大人体自身免疫"防卫部队"。而免疫器官工作能力的提高，使得一旦有致病原侵入，就能及时将其消灭，以保持人体健康。

5. 太极拳对骨骼、肌肉、关节的影响

经常练习太极拳，对于我们的脊柱和各关节强韧与灵活都是非常有帮助的，还能有效矫正它们的姿态，防止变形。太极拳要求"虚领顶劲""上下一线"，对脊柱起平衡作用，对颈椎起调节作用。太极拳的螺旋式弧形动作在意念的引导下，使全身的肌肉群和肌肉纤维均能参与活动，经过反复的缠绕，肌肉能拉长到一般运动所不能达到的长度，长年累月如此绞转，一张一弛，使肌肉匀称丰满，柔韧而富有弹性，并增强收缩能力。由于肌肉的收缩对骨骼的牵拉作用以及新陈代谢的加强，骨骼的血液循环得到改善，进而使骨骼的形态和性能发生良好的变化，骨质也变坚固，这便提高了骨骼的抗折、抗弯、抗压的性能，使骨骼不易发生变形和畸形。太极拳动作连绵圆活、周身节节贯串，从而对关节的灵活性也起到促进作用。因此，长期坚持练习太极拳,有助于防治颈椎病、关节炎、脊柱异常、神经痛等病,还能给骨骼施加适度的物理刺激,使骨骼逐渐增强。

二、太极拳修心功效的心理机制

从心理的角度来讲,太极拳的保健作用体现在:修心养性,尽性知天;锻炼意志,增进交流。

1. 太极拳的修心养性、尽性知天的作用

太极拳奉行"恬淡虚无""身心合一"的原则,练习时排除杂念,通过"松""静""自然"来调节精神,使人进入无忧无虑、无我无他的恬闲境界,可消除心理疲劳,使身心从工作压力和生活压力中得以解脱。太极拳把道家"道法自然"的辩证思想与儒家"中庸之道"的处世哲学有机地融为一体,追求人与自然的和谐统一。合理的身心放松状态,不仅可以疏通经络、强健身体,而且能够起到炼气、养神的作用,益于身心健康。

太极拳对心理的调节功效主要表现在:注重情绪控制和心态调节的心理卫生;清心寡欲,知足常乐,注重思想集中、排除杂念的心理健康;淡泊明志,宁静致远,注重不为名利所困和不为声色所扰的心理修养。常年坚持练习太极拳,能使急躁、焦虑、易怒、多疑的性格变得稳健、豁达、沉着、随和,使人心情舒畅,精力充沛。

2. 太极拳锻炼意志,增进人际交流的作用

一个心理健康的人,应有明确的学习和生活目的,并有达到目的的坚定信念和自觉行为。其行为表现出果断、坚韧、自制的毅力。太极拳贵在坚持不懈,无论是拳架,还是呼吸、内劲,都是由易到难、由浅到深,只有持之以恒,才能不断地提高,达到更高的太极境界。太极拳轻柔舒缓、连绵不断,一套完整套路演练下来,少则3～4分钟,多则6～7分钟,中间没有停顿,形神兼备,以意导劲,没有一定的毅力和恒心是不行的。长期坚持练习可以培养人们知难而进、不骄不躁的意志,使人在逆境中不自卑、不气馁,奋发图强,追求更高更好;使人在顺境中谦虚做人,沉着稳重。太极拳内容丰富、博大精深,入门之后会有"艺无止境"的感悟。太极拳活动不仅可以培养人克服困难、虚心好学、勇于进取的意志品质,还可以成为人们切磋技艺、交流思想、增进友谊的良好手段。

一个心理健康的人,应具有宽容、热情、友爱、合群等品质,能妥善处理人际关系。太极拳运动过程中存在着人与人之间、个人与集体之间、集体与集体之间的相互交往性,这种交往性可以使群体中成员在武术运动中相互影响、相互作用,产生情感上的相互感染、沟通,从而增进了解。在统一和谐、相互学习的练习氛围中,可以消除人与人之间的距离,增进友谊,让人在竞争和生活压力之余,寻找到一片净

化心灵、消除疲劳、陶冶情操的天空。

第三节　太极拳基本技法

一、太极拳的手形

手形手法为拳式之精髓。在练习太极拳时,手部动作的规范性很高,手的形状、手的动作、手的位置等合理、准确,即会起到相应的作用,反之,则会影响练习和使用的效果。有人说,太极拳术之别是手形、手法之别。虽然"形于手指",但为传达之顺达,手形、手法上有讲究。手形随手法转化变化,因此要协调、自然,并且手法的虚实转化也必须与步法相协调。本节以武式太极拳为例,列举太极拳中的九种基本手形。

1. 荷叶掌

武式太极拳的掌形为荷叶掌(见图4.3.1),要求五指自然张开,手心内合,不可用力。具体的标准以前额为准,手掌放在前额上,慢慢离开,即为荷叶掌形。其动作要与开合相配合。

图4.3.1　　　　　　图4.3.2

2. 推掌

推掌(见图4.3.2)为套路掌法之一。蓄劲时,吸气,收腹,提肛,发劲时呼气。推掌时,劲起脚跟,由腿而腰,松胯,塌腰,含胸,圆裆,沉肩坠肘,臂由屈转为微伸,掌经由肩上或胸前向前方或侧方内旋推出。手心向前,指尖朝上;腕指松沉,不可夹腋夹臂,全神贯注,气达四梢,力达掌外沿,动作圆活有力且具有弹性。

3. 捋掌

捋掌(见图4.3.3)为套路掌法之一。沉肩、坠肘、松胯、塌腰、含胸,以腰为主宰,内气贯于双手,单掌或双掌顺着前进的劲路,向自身左或右斜线带引。

图 4.3.3　　　　　　　　　图 4.3.4

4. 撩掌

撩掌(见图 4.3.4)为套路掌法之一,也称挑掌。撩掌时,指尖斜朝上,手臂略弯,坠肘,沉肩,肌肉要放松并以肩关节为轴,用腰带动手臂,掌自下向前方挑举,手心向体侧。动作要迅速有力,内力透指尖腕背。

5. 切掌

切掌(见图 4.3.5)为套路掌法之一。运用此掌时,劲运于掌根外侧,特别要注意肩的松、沉,以免妨碍劲力的顺达,其手心朝向身体内侧。

图 4.3.5　　　　　　　　　图 4.3.6

6. 劈掌

劈掌(见图 4.3.6)为套路掌法之一。含胸,塌腰,松胯,沉肩,坠肘,结合腰胯的旋转和腰部的开合,将内劲运于手掌外侧。同时要精神贯注,气势蓬勃,手疾眼快,动作协调,手臂不可过直,手掌保持绷劲,臂掌要上下相随。

7. 托掌

托掌(见图 4.3.7)为套路掌法之一。掌自下而上外旋托举至身前或头部侧上方。出掌时,掌心向上,同时要沉肩,坠肘,含胸,塌腰,松胯,不可僵硬、紧张,内劲送至掌根,劲力向上时须沉胯,形成对拉劲以符合太极阴阳哲理。

 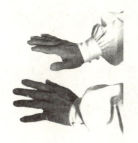 

图 4.3.7　　　　　　图 4.3.8　　　　　　图 4.3.9

8. 按掌

按掌(见图 4.3.8)为套路掌法之一。含胸,塌腰,松胯,单掌或双掌自上而下沉压,手心向下。下按时臂微弯,手腕微塌,腕指松沉,不可抬肘直臂。上下要协调一致,就像将手上的浮球按入水中或水底。

9. 捶掌

捶掌(见图 4.3.9)为四指并拢蜷屈,指尖贴于掌心,拇指蜷屈于食指和中指上接成拳。不宜握得过紧,避免手臂僵滞。拳在套路中的式法有搬拦捶、栽捶、指裆捶、肘底捶、双抱捶、弯弓射虎捶、翻身撇身捶等。

二、太极拳的步法

步法在太极拳中也是非常重要的组成部分。从健身角度讲,双腿是全身的支撑,是练拳时稳定的基础。从技击角度讲,腿的活动范围大,上下、左右、前后、远近都可出击,而且力量大。腿又是全身的根基,所以太极拳向来非常重视腿功。长年练太极拳的人,腿部都十分有力,支撑力很强,在任何情况下都能做到"稳如泰山"。

步法的虚实在行拳走架时更具有特别的重要性。拳谚云"步不稳,则拳乱",在步法转换时,应做到"进步必跟,退步必撤"。整套太极拳在行动过程中,重心不是偏左就是偏右,两腿在虚实倒换中以维持身体平衡。发劲时,发劲之足为实,另一足为虚(与重心虚实是两码事)。但腿的虚实变化不是突变,而是渐变,是一个慢慢变化的过程。调伸缩是指太极拳架势的高低全在两条腿上。在技击上,通过腿调整身体的伸缩,劲才能发出去,即利用伸缩完成受力。

太极拳的步法主要有虚步、实步、弓步、跟步、践步、跌步、独立步等。步法在技击中是决定成败的关键,如果步法处理不好,身体站不稳,就无力与对方对劲。只有把步法练好了,达到自身的稳固,支撑八面,才能取得对抗的胜利。

1. 虚步

虚步分前虚步和后虚步。身体重心坐于一条腿上,没有承担身体重量的另一条腿为虚腿,亦称虚步。前脚虚为前虚步,后脚虚为后虚步。虚并非全然无力,气势要有腾挪之意(见图4.3.10)。

图4.3.10　　　　　　图4.3.11

2. 实步

承担身体重量的腿称为实腿,亦称实步。实不是站煞,精神要贯注(见图4.3.11)。

3. 弓步

前腿屈膝前弓,膝盖不超过足尖,后腿似直非直,膝关节要有沉屈之意,要求两足的方向为不丁不八(见图4.3.12)。

图4.3.12　　　　　　图4.3.13

4. 跟步

重心前移,后足提起向前虚点至前足后方,为跟步(见图4.3.13)。

5. 践步

前腿向前迈步,后脚前跟步落于前足之处,前足向前跃进,为践步(见图 4.3.14、图 4.3.15)。

图 4.3.14　　　　图 4.3.15

6. 跌步

一腿落下,另一腿上跳,下落之足在上跳之足处,上跳之足向后撤步,为跌步(见图 4.3.16、图 4.3.17)。

图 4.3.16　　　　图 4.3.17

7. 独立步

实腿微屈站立,虚腿提起,要求胯与膝平,为独立步(见图 4.3.18)。

图 4.3.18

三、太极拳推手的基本劲法

太极拳是一个由功法、套路、拆招、喂手、推手、散手等环节组成的技术体系。以"松、柔、慢"为主的套路习练方式仅仅是获取整体劲力、熟练招法的一种练习手段,而最具特色的训练环节则为其独特的推手运动。

太极拳推手原称为"打手""揭手"。其中,"打手"一词源于王宗岳的《打手歌》,含有"短打、散打"之意。陈氏太极拳最早把推手称为"揭手",即"打手"之意。后来杨式太极拳因世袭宋代的"双推手"名称将其改为"推手"。经杨氏三代以及后世学生的广为传播,"推手"已在国内外广为流传。现在"推手"一词在太极拳各流派成为一个统一的名称。太极拳推手时,两人以手臂互靠,运用八法五步,以"粘连黏随""引进落空"为技术训练的基本原则,以达到"人不知我,我独知人"的推手高级境界。

太极拳推手是太极拳运动中双人徒手对练的运动形式,其中包括单推手、双推手、定步推手、活步推手、大持推手、散推手等。太极拳推手基本劲法主要有八种:掤、捋、挤、按、采、挒、肘、靠。通常把前四者称为四正推手法,后四者称为四隅推手法,基本技法解释如下。

掤:分广义与狭义两种解释。狭义解释就是向上托起的意思,即在搭手时,逆着对方之劲承而向上,使对方之劲不得下降,就叫做掤。如果用之得法,可将对方掀起。广义解释即无论做任何动作、任何手法,都含有向上向外及各方向的弹性劲,所以有"出手含掤似围墙"的说法。

捋:与对方搭手时,凡对方向我掤或挤时,我则向后下方顺势捋。如果用之得法,可引使对方向前倾倒。

挤:搭手时,以手或臂等部位挤贴对方,使之无法动弹,然后将对方挤出去。

按:在搭手过程中,凡遇对方挤我时,我即用手下按,以破前挤之势。另外尚有向前按的手法。

采:以手执对方手腕或肘关节往下沉采、抓拽。搭手时,凡能制着对方,借其身向前倾,乘机更使其前仆。善于用采者,不管对方的力怎样攻来,均可采而化解,然后择其弱点而攻之。

挒:就是扭转的意思。搭手时,凡是转移化解对方之力而攻其身者,都叫做挒。在力学上来讲,使对方之力分解(分力),再由侧方攻之,则能以小力取胜。

肘:在拳术中用肘力进攻对方即称为肘。

靠:凡以肩、背部位用抖、弹、撞、击等方法进攻对方即为靠。靠必须在接近对方身体,且于最适合的机会时用之。

四、太极拳推手的简约化练习方法

传统太极拳推手的盘手练习内容主要包括:单手推挽(单推手)、双手推挽(双推手)、四正手、大捋、缠手等。其中,单手推挽又可分为平圆、立圆、8字圈(粘手)。原地双推手是从双手平圆推手开始练习,即俗称"双推磨",由此逐步进阶到原地四正推手。活步推手是以四正活步推手为主,分为合步、套步与烂踩花三种。

目前太极拳推手运动基本局限在广大民间、一些武术学校和少数专业院校开展,普通学校体育的课堂教学中,几乎很少有类似的教学内容。其最主要的原因就是传统的推手教学内容复杂、难学且胜负评判不易。反观跆拳道之所以能够在世界各大城市迅速铺开和推广,正因为其技法简单易学,稍有武术基础的人通过视频学习就可以胜任跆拳道教学,而最初的绝大多数跆拳道教师都是由武术教师转行过去的。因此,如能提炼出简约化的太极拳推手技术体系,采用合适的教学方法,是完全可以作为普通高校的武术教学内容的。

对于在学校开展太极拳教学而言,创编一种融趣味性、竞技性于一体的简约化太极拳推手教学技术体系是一条可行之路。但需要指出的是,这种简约化技术体系不是创造新技术,而是对原有太极拳推手技术的整理提炼,建立一个技法清晰、简单易学、适合当代大学生习练的技术体系,从而使其最精华之处能够得到大面积推广普及,通过这种技术的普及使更多大学生了解太极文化的精髓和太极拳的技术核心。以下介绍两种适合课堂练习的、简约化的推手技术方法。

1. 太极拳定式推手

预备姿势:甲乙相对站立,相对距离以双方两臂握拳前平举,拳面相接触为准。双方右脚向前方上步,两脚内侧相对,相距约10~20厘米,双方身体重心稍偏左腿,左腿屈蹲。伸出右手搭在对方肘窝上,虎口卡住对方左上臂下部(手指撑开,不可抓握对方),左手托住对方右肘尖部。左脚在前,动作与之相反,目视对方(见图4.3.19、图4.3.20、图4.3.21)。

图4.3.19

图4.3.20

图4.3.21

三种主要技法:在搭手且不脱手的情况下,向前或向左或向右发力,迫使对方脚步移动。

向前发力(见图4.3.22、图4.3.23):

图4.3.22　　　　　　　　　　图4.3.23

向左发力(见图4.3.24、图4.3.25):

图4.3.24　　　　　　　　　　图4.3.25

向右发力(见图4.3.26、图4.3.27):

图4.3.26　　　　　　　　　　图4.3.27

2. 太极拳定步推手

预备姿势：甲乙相对站立，相对距离以双方两臂握拳前平举，拳面相接触为准。双方右脚向前方上步，两脚内侧相对，相距约 10～20 厘米，双方身体重心稍偏左腿，左腿屈蹲；同时双方右手向前上举。臂微屈，手背相贴，手腕交叉相搭，左手托住对方右肘部，目视对方（见图 4.3.28）。

三种主要技法：在脚步不移动的情况下，通过直推（见图 4.3.29）、捋带（见图 4.3.30、图 4.3.31、图 4.3.32）或转肩推背（见图 4.3.33）的方法，迫使对方脚步移动。

图 4.3.28　　　　　　图 4.3.29　　　　　　图 4.3.30

图 4.3.31　　　　　　图 4.3.32　　　　　　图 4.3.33

在实际的教学中，要求必须采用太极拳推手八种劲法中"按、采、挒"的方法，必须贯彻"粘连黏随""引进落空""不丢不顶"等太极拳习练的原则。而根据教学的实践经验，一般 1 分钟练习后换脚为宜。需要指出的是，在推手的课堂教学中，竞技推手只能是一般性的教学内容，适当介绍即可，因为课堂的教学任务是为了学习知识，而不是竞赛。如果课时较多，竞技推手练习也是必要的。

推手的技术含量较高,在学生缺乏体验的情况下,教师过多地讲解会使学生困惑,不如选择简单的动作组织学生练习。无论是个人练习,还是双人练习,学生的体验都是最重要的。推手需要内劲,很多动作外形没有很大变化,结果却有很大差别。个人练习不仅要学习动作方法,更要体验内劲,教师应在学生的练习过程中用最清晰、最简练的口头语言或身体语言引导学生感知内劲的存在。内劲的感知能够很快地引导学生集中注意力,并获得宁静、充实、满足的快乐感。双人练习时,教师要引导学生感知推手技巧,让学生在对抗中寻找老师给予的指示,发现成功的诀窍,逐步建立并稳定推手技术。

第四节 传统太极拳基本套路的教与学——武氏太极拳精要十八式

武氏太极拳是我国传统太极拳五大流派之一,其紧循太极之理,架势小巧紧凑,讲究虚实分明,精气神三者合一,朴实无华,被誉为"千枝老梅"。其拳架内固精神、外示安逸、体态端庄、气势腾挪、开合有致、紧凑精巧,是养身、强身、修身的武术拳种的最佳选择之一。

武氏太极拳精要十八式是在保持传统武氏太极拳一百零八式精髓和精要三十七式的基础上,秉承古法、去繁融新,编创而成的。该套路架势圆活紧凑,身体松柔合度,既完整保留了武氏太极拳拳法精要,又便于初学者上手习练,是广大太极拳爱好者和在学校开展太极拳教学的首选拳种。

第一式 起势

图 4.4.1

动作一:面朝正前方,身体自然直立,目视前方,两臂自然下垂至身体两侧,手心向内,全身放松,精神安舒(见图4.4.1)。

动作二:身体重心移至右腿,意气沉于右腿,左腿抬起,向左侧横跨一步,两脚与肩同宽。全身放松,目视前方(见图4.4.2)。

动作三:身体向下松沉,两腿微屈,吸气,同时两手内旋手心向斜上方,双臂向前上徐徐平捧,抬至约与肩平(见图4.4.3)。

动作四:双手外旋,手心朝下,两肘下沉微屈。双手徐徐下按,约至与腰平齐,同时两腿微屈,呈坐姿(见图4.4.4)。

要领:起势动作要求心静意专。注意肢体与站立时体态要自然、安舒,头宜正直,下颌微微内收,虚灵顶劲,两肩松开,气向下沉,做到含胸、拔背、裹裆、中正、安舒。

图 4.4.2

图 4.4.3

图 4.4.4

第二式　左右懒扎衣

动作一：腰微向右转，重心移至右腿，双手呈弧形移至右后方将带，同时左脚跟略微有上提之意（见图 4.4.5）。

动作二：左腿向身体左前方迈出，脚跟着地，脚尖上翘，左腿虚右腿实，同时，两臂呈弧形内合向上掤起，左手高不过眼，右手提至胸前，与左肘平齐，目视左前方（见图 4.4.6）。

动作三：右脚跟蹬地，左腿前弓，身体前移，同时双手坐腕竖掌外旋并向前推出，目视两手前方（见图 4.4.7）。

图 4.4.5

图 4.4.6

图 4.4.7

动作四：身体向下松沉，意气贯注于左脚，同时双手呈弧线向下沉带，目视身体前方（见图 4.4.8）。

图 4.4.8　　　　　　图 4.4.9

动作五：右脚向前跟步至左脚右后方，脚尖点地，左腿实右腿虚，两手呈弧线向上，约至胸前，与肩平齐，目视两手前方(见图 4.4.9)。

动作六：以左脚跟为轴，脚尖内扣，身体转向右前方，并提右脚跟，左腿实右腿虚；同时两手随身体转动，内合至胸前，右手在前，左手至胸前与右肘平齐，目视右手前方(见图 4.4.10)。

动作七：两手呈弧线向下沉带。左脚向前跟步至右脚的左后方，脚尖点地右腿实左腿虚。然后，两手呈弧线向上，内合至胸前与肩平，掌心向前，目视两手前方(见图 4.4.11)。

图 4.4.10　　　　　　图 4.4.11

要领：懒扎衣是武氏太极拳的母式，包含了五步八法，其余各种姿势都源于懒扎衣的变化。练习时，要求两腿虚实要分清，身体不可偏倚。双手向上掤时要有引导对方来势之意，还要有提领腿足迈出之意。双手内合时，两肩要有向内抽吸之意,以胸部指挥两手的运动,胸臂之间要圆活。跟步时上下半身要协调相随。

第三式　单鞭

动作一:承前式,左脚脚尖微向里扣,以右脚跟为轴,腰向左转至正前方,同时两手内合抱于胸前,左腿实右腿虚,目视两手前方(见图 4.4.12)。

动作二:腰微向右转,身体向下松沉,左腿向左横跨一步,脚跟着地,同时两手随身向右方粘带。右脚跟蹬地,左腿前弓,左脚掌落平,腰微向左转至左前方,同时两手徐徐左右分开,左手竖掌外旋,高不过眼,右手斜掌外旋,与肩平齐,目视左手前方(见图 4.4.13)。

图 4.4.12　　　　　　　　图 4.4.13

要领:转动身体时要保持稳定。迈左步时要以意贯注,右脚蹬地前要有蓄劲之势,身体须保持中正,同时要注意松肩、沉肘、含胸、拔背、气沉丹田。

第四式　白鹅亮翅

动作一:承前式,以左脚脚跟为轴,左脚尖里扣,腰向右转,右脚向左移,脚尖点地,提悬于左脚旁;同时左手从身体左侧划至头上左前侧,右手呈弧线下落至右胯前,手心向右胯处,目视身体前方(见图 4.4.14)。

动作二:右手从右胯前内合上掤至面前,左手由左小臂内弧形下落至胸前,两手交叉,同时身体重心松沉于左腿,右脚向前迈步,脚跟着地,左腿实右腿虚,目视两手前方(见图 4.4.15)。

动作三:左脚跟蹬地,右腿前弓,右脚掌落平,身体前移,同时右手外旋呈弧线上掤约至额头前上方,左手由胸前外旋,向前下方推按,目视左手前方(见图 4.4.16)。

图 4.4.14　　　　　　图 4.4.15　　　　　　图 4.4.16

动作四：身体向下松沉，同时，两手向下呈弧线外旋，双手掌心向下，目视两手前方（见图 4.4.17）。

动作五：左脚向前跟步至右脚左后方，以脚尖点地，右腿实左腿虚，同时两手呈弧线向上内合至胸前，约与肩平齐，目视两手前方（见图 4.3.18）。

图 4.4.17　　　　　　图 4.4.18

要领：松沉合收，右手上掤时，胸肩要有下沉之意，注意松肩、沉肘。左右推出时，右手不可松懈软塌，双手要密切配合，一气呵成。

第五式　左右搂膝拗步

动作一：以右脚跟为轴，右脚尖里扣，腰向左转 90°，同时，左手内合呈弧线向左下至腹前，掌心向下，右手内合至右额旁，目视身体前方（见图 4.4.19）。

图 4.4.19　　　　　　　图 4.4.20

动作二：身体向下松沉，左腿向左前方迈步，以脚跟着地，目视身体前方；右脚跟蹬地，左腿前弓，身体前移，同时左手外旋，呈弧线向左下方搂至左膝外侧，手心向下；右手经胸前竖掌外旋向前推出手高不过眼，手远不过左脚尖，目视右手前方（见图4.4.20）。

动作三：右脚跟至左脚右后方，以脚尖点地，左腿实右腿虚，两手有内合之意，目视身体正前方（见图4.4.21）。

动作四：右腿向身体右前方迈步，以脚跟着地，同时右手内合，向右下方划弧至胸前，左手向上划弧至左耳旁，目视身体前方；左脚跟蹬地，右腿前弓，右脚掌落平，身体前移，同时右手外旋，向右划弧，至右膝外侧，左手竖掌经胸前向前推出，目视左手前方（见图4.4.22）。

动作五：承前式，左脚向前跟步，至右脚左后方，以脚尖点地，同时两手有内旋内合之意，目视左手前方（见图4.4.23）。

图 4.4.21　　　　　图 4.4.22　　　　　图 4.4.23

要领：转身时要以眼领手。手搂带的时候，有与肩左右要相吸相系，有引蓄之势。手向前推出时要有松沉之意，跟步时周身要有收合之意。

第六式　上步搬拦捶

动作一：左腿后撤半步，身体后移，同时左手掌心向下压，右手向前上托起，与肩平齐，掌心向上（见图4.4.24）。

动作二：重心坐于左腿，腰微向左转，右腿向后，脚尖点地，同时左手内旋，右手外旋，双手划弧经胸前搂带至小腹前，目视右手前方（见图4.4.25）。

动作三：右腿向前迈步落实，左腿变虚步，同时两手向下后方搂带，再以弧形向上掤起，右手变拳，旋腕向右搬带，左手至右臂小臂内侧，有向前拦挡之意，目视前方（见图4.4.26）。

图4.4.24　　　　图4.4.25　　　　图4.4.26　　　　图4.4.27

图4.4.28

动作四：左腿向前迈步，以脚跟着地，脚尖上翘，同时左手竖掌外旋向前拦挡，掌心斜向前，右手握拳内合至腰际，右脚跟蹬地，左腿前弓，身体前移，腰微向左转，同时左臂微收，左掌掌心转向下，右手握拳外旋向前击出，至左手腕上方，拳眼向上，目视右拳前方（见图4.4.27）。

动作五：身体下沉，两手上掤划弧向下至小腹前，右脚跟步至左脚右后方，脚尖点地，周身有内合之意，目视前方（见图4.4.28）。

要领：两手回搂要圆活连贯。左手前伸要有提领左右迈步之意，右手击拳时右肘要有沉着之意，同时要注意虚实和着点转换。

第七式 左右起脚

动作一：身体松沉，两手内合上掤至胸前交叉，右手在外，左手在里，手心向内。右脚收至左脚边，又后退一步，双手画圈至与肩等高并交叉放置，同时右腿提膝，与胯平（见图4.4.29）。

动作二：两手均变为立掌，向左右外旋分劈，右高左稍低，右臂与右腿方向一致，同时右腿向右前方踢出，左腿微屈（见图4.4.30）。

图4.4.29　　　　　　　　图4.4.30

动作三：右脚下落至左腿右前方迈步前弓，同时两手向右下方捋带，划弧至腹前，左脚向前跟步至右脚前方，同时右手向上划弧内合至腹前，左手向下内合划弧至腹前，两手交叉，左手在外右手在内（见图4.4.31）。

动作四：左腿起膝与胯平，左腿向左前方踢出，同时两手外旋左右划弧分劈，目视左手方向（见图4.4.32）。

图4.4.31　　　　　　　　图4.4.32

要领:两掌在胸部交叉相合需要一定的高度,带出掤劲。左右分脚的定势,两掌应当坐腕,整体中心下沉,保持单腿支撑的平衡。

第八式　转身蹬一脚

动作:以右跟为轴,向左旋转180°至后方,同时两手呈交叉状,左手在外右手在内。至腹前,左腿提膝与胯平,左腿向左前上方蹬出。同时两手外旋分开,向左右划弧分劈,目视前方(见图4.4.33)。

图 4.4.33

要领:在转身之前要意到,确保意识领先于转向的方向、位置、速度及其他周身内外的配合要求。要求做到"始而意动,继而内动,然后外动"。

第九式　践步栽捶

动作:左脚落至右脚前方,右手经右耳旁向前下往后弧线画圈,左手随之下落画圈,同时,右脚上步,至左脚旁,随即左脚向前迈步,落地前方,身体前移,接着右脚向前跟半步,以足尖点地,左腿实右腿虚;同时上身前俯下蹲,右拳从耳旁向前下方栽击,拳心向里,左掌从胯旁下按,置小腿左侧(见图4.4.34)。

要领:弓步时劲点在右拳拳面或拳背。注意虚灵顶劲,沉腰胯,脚跟之劲节节贯串于右拳,击地时两臂仍微屈,劲发而有余。

第十式　翻身二起

动作一:身体直立,以左脚跟为轴,脚尖里扣135°,身体向

图 4.4.34

后转,左腿也随之旋转并坐实(见图 4.4.35)。

动作二:右腿向前迈一步,左腿跟步,右腿随即踢出,同时右手向后划弧至腰间再向前划弧,拍打右脚面,左手下落向后向上划弧至头右上方(见图 4.4.36)。

动作三:右腿落至左腿后方,左腿随之退步,右腿实左腿虚,同时双手下落;右腿先向后一小步再向前迈步,呈弓步,双手向前缓缓推出(见图 4.4.37)。

图 4.4.35　　　　　　图 4.4.36　　　　　　图 4.4.37

第十一式　下势

动作一:左脚前进半步,右腿向后退一步,重心落于右腿,身体向右转,下势,右腿下蹲,左腿伸直,同时右手向下划弧至右后上方竖掌(见图 4.4.38)。

动作二:左手向下划弧至左腿内上侧,目视前方(见图 4.4.39)。

图 4.4.38　　　　　　图 4.4.39

图 4.4.40

要领:左手上举时,左肩不可随之上耸而要往下松沉,右手向下不可有丢塌之势,注意上下阴阳协调,身法不可散乱。

第十二式 上步七星

动作一:右脚跟后蹬,左腿向前弓步,重心移至左腿,腰略向左转,同时左手向上,掤托与肩同宽掌心向前,右手内合划弧向下至右胯外侧,掌心向下,目视左手前方;右腿向前迈步至左腿前方,脚尖点地,重心坐于右脚,左腿实右腿虚。同时右手向上划弧握拳至胸前,与眼同高,拳心向里,左臂在里右臂在外,目视两手前方(见图4.4.40)。

要领:两手与两腿要协调配合,身体不可前俯后仰,两臂于胸前要撑圆,注意做到有前即有后的功法,身法不可散乱。

第十三式 退步跨虎

动作一:右腿向后退步至左腿右后方坐实,左腿脚尖点地后移,同时两手变掌上下分开,右手向上外旋至头上前方,手心向外;左手外旋向下至左胯前侧,手心向下,目视身体前方。同时两手变掌上下分开(见图4.4.41)。

动作二:腰微向右转,右手向上外旋至头上前方,手心向外;左手外旋向下至左胯前侧,手心向下,腰微向左转正,目视身体前方(见图4.4.42)。

图 4.4.41

图 4.4.42

要领：右腿退步要稳，落实后要精神贯注，向下松沉，上下要协调相随，要做到尾闾中正、松腹、松肩、沉肘等身法。

第十四式　转脚摆莲

动作一：右脚以脚跟，左脚以脚尖为轴，同时向右转180°，右手外旋于胸前，左手内旋，掌心向上与肩同宽，目视左手前方（见图4.4.43）。

动作二：左腿从后向前上步至右腿左前方，同时两手随身右转，左腿落实，右腿向上提起，脚面绷平稍内扣，并由左向右摆，同时两手由右向左拍打右脚面，目视前方（见图4.4.44）。

图4.4.43　　　　　　　图4.4.44

要领：转身旋转时，内气潜转，腰身右旋，重心全部落于右脚掌，由两肩肘松柔的起落右转，带动腰围向右平转移，而左脚略踩地即起，随腰外旋，促身圆转。整个旋转动作，皆以腰胯为动源，臂领腿促，上中下协调一致，松活自如，稳定平衡。

第十五式　弯弓射虎

动作一：右脚向右前方落步，身体重心移向右腿成弓步，左脚尖内扣，右脚尖外摆（见图4.4.45）。

动作二：两手划弧于腹前，随身体微向右转松沉，两手变空拳手心向上，向上划立圆至胸前，身体微向左转，外旋前击，右拳在后，左拳在前，目视前方（见图4.4.46）。

图 4.4.45　　　　　　　　图 4.4.46

要领:双手向上时,身体要有向下之意,向下时要有向上之意,要以身体带动四肢,动作要圆活,上下要协调连贯,保持身体姿势中正安舒。

第十六式　双峰贯耳

动作一:左腿收步至右腿旁,身体微向右转,两手向下捋带至小腹部外开。同时左腿向左前方迈一步,两手由下向上握拳划弧向前方合击(见图 4.4.47、图 4.4.48)。

图 4.4.47　　　　　　　　图 4.4.48

动作二：右脚向前跟步至左脚右后方，以脚尖踮地，目视前方。

要领：双手下按时，精神有上升之意，两拳前合击时，胸腹要有收合之意，上下要协调配合。

第十七式 退步双抱捶

动作一：右腿向后退步，重心移至右腿，左腿向后移步至与右腿相齐，同时两拳向下划弧至腰际，目视身体前方（见图 4.4.49）。

动作二：重心移至两腿中间，同时两手握拳向上划弧至与肩等高，拳心向内，目视前方（见图 4.4.50）。

动作三：身体向下松沉，同时两手握拳，向前划弧击出，目视两拳前方（见图 4.4.51）。

要领：实腿，要精神贯注，气向下沉，要做到松肩、沉肘、尾闾中正等身法。

图 4.4.49　　　　　　　图 4.4.50　　　　　　　图 4.4.51

第十八式 收势

动作一：两腿慢慢直起，同时，两手由拳变掌外旋向下按至两胯旁，掌心向下（见图 4.4.52）。

动作二：左腿向右腿并拢落实，同时两手向下垂于两胯外侧，手心向内，恢复起势姿势，目视正前方（见图 4.4.53）。

要领:两手下按时,胸腹必须放松下沉,身体立起要神不外散。

图 4.4.52

图 4.4.53

第五章 贴身短打——八极拳

武术界有"文有太极安天下,武有八极定乾坤"之说。与太极拳的柔和缓慢、圆活连贯、避免直来直去的运动特点相比,八极拳则是中国武术体系中的一个以劲力刚猛、下盘稳固、节短势险、暴烈突然为特点的拳种。在技法上,八极拳讲究挨、傍、挤、靠,而太极拳则讲究粘、连、黏、随。两者都是近身之意,所不同之处在于:八极拳讲求以动制动,豁打硬开,不招不架;太极拳则讲求以静制动,避实就虚,不丢不顶。正是因八极拳"雄厚有力,古朴遒劲"的风格特点,才被选为高校传统武术教学的优秀拳种。

八极拳讲究内外兼修,融打、制、摔、擒、健身、修心为一体,不但技法实用,更以其独特的强身健体之功效而深受广大习武者的喜爱。青春期人体的骨量大幅度增加,在 20 多岁至接近 30 岁期间达到一个骨量峰值。体育锻炼有利于青少年获得更高的峰值骨量,并会相应地提高人体发生骨质疏松的阈值,延缓骨质疏松的发生。八极拳套路中的"戳、挤、突、击、震"等动作都为强冲击、高强度的力量性动作,对骨质特别是骨密度的发展有积极作用。

第一节 八极拳历史溯源

一、八极拳释义

八极拳又名"开门八极拳",其中的"八极"一词的由来有多种说法。一说,"八极"一词原为古地理概念,源于汉《淮南子·坠形训》"天地之间,九州八极"。因此,"八极"取意为"发劲可达四面八方极远之地"。一说,八极拳最早叫"耙子拳",因为手握起来像耙子,清朝时有一个王爷觉得不好听,就改成"八极拳",意思就是四面八方都可以防御。也有一说,称为"巴子拳"。据传说,北宋名将杨继业之子杨五郎,因父兄阵亡,愤而出家,在山西五台山削发为僧,从寺内住持处学得巴子拳术。明嘉靖年间,戚继光在《纪效新书》十八卷中提到"古今拳家,宋太祖有三十二势长拳……杨氏枪法与巴子拳棍皆今之有名者……若以各家拳兼而习之……无有不胜"。而这里所说的巴子拳棍即今之八极拳与八极棍。另有说法叫"八技拳",因为有八种技术,将头、肩、肘、手、尾、胯、膝、足八个部位的灵活应用到极致。

而"开门"之意亦有多种说法。一谓"开门立户",使八极拳法以独特风姿立于中华武林;二谓冲破武林界固守疆域之神秘观,开门授艺汲取众家之长;三谓破开门户之意,取其以六种开法(六大开)作为技法核心,破开对方门户(防守架子)之意;四谓广开思路,开门入窍,悟其性,晓其理,明其用。

二、八极拳的起源和发展

八极拳的起源时间和地点也说法不一。目前被武术界广泛认同的说法是吴钟所创。清康熙年间,一位号称"癞"的南方云游高手,将八极拳传给山东省庆云县后庄科村人吴钟,吴钟传艺其女吴荣。后吴家移居沧县孟村镇(今孟村回族自治县),传了孟村张、吴、丁、伊四大姓,而孟村遂成为八极拳的发源地。

自吴荣之后,八极拳分几支传习:一支是吴氏本家及其门生,另一支是从孟村(县)传入罗疃村的一支。此外,沧县地区的八极拳也有一定影响。近代八极拳名家李书文、马凤图、韩化臣在八极拳的传承方面起到了承上启下的作用,将八极拳由孟村一隅之地,播及全国。

李书文,字同臣,沧县东南乡人,农家子弟,自幼跟随近邻孟村金家学习八极拳。之后又学习劈挂掌,并将两门武学融合为一,相得益彰。清末,李书文至北京、黑龙江、辽宁、山东等地授徒,八极拳这才流传出来。

1928年南京中央国术馆成立后,马英图、韩化臣成为馆内首批武术教官,开始在中央国术馆传授八极拳。在中央国术馆时期,八极拳不但逐步形成了定型的模式,而且培养和造就了一大批擅长八极拳术的人才。其中,李书文的高徒霍殿阁后来成为清末代皇帝溥仪的武术教师与侍卫;而另一个弟子刘云樵后来为民国总统府侍卫队武术教练,随国民政府迁台后,在台湾继续教授和传播八极拳,由其教导出来的八极拳名家甚多,广泛地推动了八极拳在台湾地区的传播和发展。

1937年抗日战争全面爆发后,中央国术馆开始迁徙,至1940年5月迁至四川重庆,八极拳开始在巴蜀传播,代表人物为郑怀贤、王树田等人。而受到地域文化的影响,八极拳在各地的传承和习练过程中则呈现出适变与创新的特点。

三、八极拳的流传地域及其风格特点

八极拳传播至今,已形成了各具特色、风格不同的拳法技术体系。其中,有古朴、庄重、实用的"霍氏八极拳";有灵活、快速的"马氏通备八极拳";有流畅、活泼的"吴氏劈挂八极拳";有节奏鲜明的"台湾螳螂八极拳"等。现今在北京、天津、沧州流传的八极拳流派是由孟村一支传承下来的,孟村八极拳的主要代表人物是吴会清、吴秀峰、吴连枝先生祖孙三代。西北八极拳是由已故孟村籍武术大师马凤图、马英图先生传入。西北八极拳支流在劲力上的追求包括了开合、吞吐、起伏、拧转四个具体劲法的"通备劲"。

八极拳在日本的流传非常广泛,日本武术爱好者松田龙智对八极拳等武术在日本传播起到了巨大的作用。松田龙智学得的八极拳一部分是来自孟村的吴连枝;另外一部分是来自罗疃一支的马贤达和刘云樵。而马贤达、吴连枝也曾多次到日本讲练八极拳。

台湾也是八极拳的主要传播地区。早期来台的中央国术馆学员几乎都会八极拳,其内容主要是中央国术馆时期马英图、韩化臣等人教授的大八极的套路和八极拳对练。因其刚猛、暴烈和短打实用,从而深受重视,与军队相关的官佐几乎全学练过八极拳,代表人物为刘云樵、李元智。

第二节　八极拳的内容、风格特点及习练要领

一、八极拳的内容

八极拳能够三百年来经久不衰,与八极拳的套路结构有很大关系。八极拳核心套路只有八极小架与八极拳(又称大八极),再就是一个与大八极对练的套路。大八极在对练中占上首,称上趟八极拳,与之相对的另一趟拳占下首,称下趟八极拳,两趟拳由两人合练对打,称八极对接。内场技法主要是六大开、八大招。六大开由顶法六个、抱法六个、担法两个、提法两个、胯法一个、缠法四个组成,原来是单练,后来八极名家把这些单招组合成套路,成为六大开拳。八大招是由八个单法式组成,其技法巧妙,打法凶悍、暴烈。正因为八极拳内容不多,掌握核心后易于演练,在习练中也容易悟出其中的道理,所以八极门三百年来名家高手辈出。

"大八极",又称"大八极拳""八极拳"。外传以后,又有称"新八极"(拳)与"活八极"(拳)等。它是第二套拳法,拳式便捷,发劲猛脆,手法细腻,脚步灵活,除了加强锻炼"小八极"中已有的训练外,更在已有的基础上,进行更进一步的训练。

"六大开"是八极拳绝技,意为先开门后进招,为一切攻防之招,凡与敌交手均

不离此术。六大开是"顶、抱、单、提、挎、缠",但非指定式,招在变化之中,步落而招发,用招必须腰、胯、步法相连,用招时必使敌无可攻之机,攻防严谨。善攻者敌不知其所守,善守者敌不知其所攻,进退如一,见缝插针,有隙即钻;不招不架为上乘,连架带钻混进为中乘,招架闪、躲、腾、挪为下乘。

"八大招"也是八极拳的核心技法,是历代八极拳名家归纳的精粹。它们不只是八个简单的技法或招式,而是由几个凌厉的技法组合而成。"八大招"指"阎王三现手""猛虎硬爬山""迎门三不顾""霸王硬折缰""迎风朝阳掌""左右硬开门""黄莺双抱爪""立地通天炮"八种招法。之所以称为大招,是因其技法巧妙、劲力暴烈,杀伤力极大,是轻易不传的绝招。

八极拳种的器械只有一个六合大枪,吴殳在《手臂录》中有写道:"枪为诸器之王,以诸器遇枪立败也。人唯不见真枪,故迷心于诸器,一得真枪,视诸器直儿戏也。"八级门的前辈多善于枪,吴钟就有"南京到北京,大枪数吴钟"之美誉;而张同文、张拱辰父子视大枪如命,而且教出了神枪李书文,以及六合大枪的专家马凤图。八极门的六合枪不同于其他拳种的大枪,二十四个主要招法淋漓尽至地体现了大枪的技法和特点。而研习和提高八极拳器械水平,则需要通过阅读武艺古籍文献,如戚继光的《纪效新书》、吴殳的《手臂录》等,从而提高自己文化的素养,反复练习,才能理解六合大枪特点的技法奥妙。

1. 八极拳的技击特点

八极拳之所以广受喜爱,跟它的风格特点有很大关系。八极拳属于短打拳法,其动作极为刚猛。其特点是势险节短,猛起硬落,短促多变,暴烈突然。在技击手法上讲求寸截寸拿、硬打硬开。发力于脚跟,行于腰际,贯手指尖,故爆发力极大,极富有技击之特色。八极拳非常注重攻防技术的运用。八极拳在击法上,以"六开""八招"为主,讲究"挨、撞、挤、靠、崩、撼、突、击",迅猛遒劲,发招进手时多用"顶、抱、担、提、胯、缠"并醒号发声,以气催力,声助拳势,咄咄逼人,在近距离内体现连珠炮式的打法,硬逼紧攻,攻中有防,防中寓攻,三盘连击,招数连贯,是一种攻防意识极强的短打拳术。

2. 八极拳的劲力特点

劲力是武术拳种的核心元素,劲力被认为是经过长期训练后所表现出来的一种与武术技法相融的肌肉力量。任何一种招式,都要伴随一种劲力来使用和表现。八极拳的劲力以短促暴烈为主,讲近身、顶缠,以突发的贴身冲撞制人,可称为"短中之王,近中之魁"。八极拳在劲力上追求挨、撞、挤、靠、崩、撼、突、击等劲法。拳谚云"动如绷弓,发若炸雷",这是对八极拳发力过程的形象描述。"动如绷弓"是蓄劲的过程,意思是身体像拉开的弓一样,蓄满劲力,然后把浑身所蓄之劲力传递到肢体而释放出去。"发若炸雷"则是描述八极拳发力瞬间的特征。其中包含两个方面的含意，一是发力要突然、猛烈，使人猝不及防，有摧枯拉朽的气势；二是发力要以人体为中心向四面八方辐射发出，任何方向都要有力的存在，就像炸弹在空中爆炸一样。

八极拳的劲力有十字劲、缠丝劲和沉坠劲三种。所谓十字劲，是指前手向前打的劲力和后手向后拉的劲力构成了"十字"中的一横；而沉肩、坠肘、跺脚、擤气即四肢百骸向下沉坠的劲，同伸顶、竖颈、拔腰形成向上的顶拔劲，构成了"十字"中的一竖。关于十字劲还有一首口诀，即"头顶青天，脚扎黄泉，怀抱婴儿，两肘顶山"。缠丝劲就是螺旋劲，即发力时必须直中带旋，旋中求直。直者求其速达，旋者求其劲锐，直中有旋，方能调动周身百骸之力施于一点。沉坠劲，沉坠顾名思义就是松沉，松透了自然就沉，再加强功力于精、气、神三催，久之功深气自沉。八极拳的全部招势都离不了这三种劲力，它们之间不是孤立的，而是密切联系、互相兼容的。有的招式中表现出一种劲力，有的招式则是三种劲力的综合体现。

八极拳的跺脚、擤气和发力，共同构成了八极拳劲力的三个基本要素，成为八极拳区别于其他拳种的基本特征，失去了这些基本要素，就失去了八极拳的本质。因此，基本要素奠定了整个拳术技艺的基础，是习拳者必须首先掌握的技术，它对拳术整体水平的提高起到至关重要的作用。

八极拳的震脚，是构成八极拳独特步法的主要因素，也是八极拳劲力的重要组成部分。而从拳术自身的演变来看，八极拳融合了许多枪法器械的训练方法。跺脚在很大程度上就是扎大枪必不可少的一种训练方法，也是某些六合精要枪点——如白牛转角、白猿拖刀等，所必不可少的一种步态。在某些情况下，"跺子"有助于突然改变力的方向，突然改变人我之间的态势，并给对手造成心理冲击。古人说："千金难买一声响，一声响处见阎王！"对大枪训练来说，这是致命的法门。八极拳的跺脚有原地跺、上步跺、退步跺、双脚跺、单脚跺、碾跺等不同的展现形式，在练习时有轻、重、缓、急、明、暗的区别。跺脚技术的作用有四：一可助拳势，二可固根基，三可增功力，四可攻下盘。

八极拳的劲力注重力量、速度与呼吸吐纳的结合。擤气是构成八极拳劲力特征的基本要素，是八极拳独有的用气之法。俗话说"内练一口气，外练筋骨皮"，"打跺子"时发出的"哼""哈"二声就是擤气的具体体现。擤气发声就是气力相合、内外相合的主要方法和途径，要把丹田积蓄之气在发力时由肢体梢端发出，将浮气、废气由口鼻排出，发力同时又使体内充满真气，并向四面八方膨胀辐射。而震脚时的"哼""哈"二声就是为了发力打出整劲，意到、气到、力到，将三者融为一体，互为依托，相互促进。

第三节　八极拳基本技法

一、手形

1. 拳

四指用力卷屈,拇指扣住压在食指和中指第二指节处,即为拳(见图5.1.1)。

① 拳心:手心的一面为拳心。
② 拳眼:虎口的一面为拳面。
③ 拳背:手背的一面为拳背。
④ 拳面:食指、中指、无名指、小指第一指节形成的排面为拳面。

图5.1.1

2. 掌

五指自然伸开,掌心内凹,虎口撑圆,腕部下塌,掌指向上,掌根向前突出,即为掌(见图5.1.2)。

图5.1.2

3. 勾

所谓勾,是指拇、食指屈腕撮起,其他三指屈向掌心(见图5.1.3)。

图 5.1.3

4. 开口拳

握拳时,无名指和小指松握,为开口拳(见图 5.1.4)。

图 5.1.4

二、步形

八极拳的步形以弓步、马步为主,步法以震脚闯步结合而成。

1. 弓步

两脚前后开立,距离一步远,前脚弯曲,脚尖内扣,膝与脚尖垂直,后腿挺直,脚尖微外撇,塌腰,沉髋,十趾抓地。左脚在前为左弓步(见图 5.2.1),右脚在前为右弓步。

图 5.2.1

2. 马步

两脚开立,略宽于肩,脚尖内扣,屈膝半蹲,重心落于两脚中间,脚尖与膝垂直,裆要圆撑,臀部内敛,十趾抓地(见图5.2.2)。

图 5.2.2

3. 半马步

又称四六步。两脚左右开立,略宽于肩,左脚脚尖外撇约 45°,上体左转,与左脚尖方向相同。重心落于左腿十分之四,落于右腿十分之六。左脚尖外撇为左半马步(见图5.2.3),右脚尖外撇为右半马步。

图 5.2.3

4. 虚步

两脚前后开立,距离约半步,后脚尖微外撇,屈膝半蹲,前脚跟提起,足尖点地,膝自然弯曲,重心落于后腿,五趾抓地,臀部内敛。左腿在前为左虚步,右腿在前为右虚步(见图 5.2.4)。

图 5.2.4

三、步法

1. 震脚

又称跺子脚。将腿屈膝提起,离地约二寸,然后整个脚掌迅速下踏震地,屈膝半蹲,五趾抓地。

震脚又分单震脚、双震脚、上步震脚、退步震脚、碾震脚和转身跺子脚。

① 单震脚:一腿屈膝提起下踏震地。

② 双震脚:两脚跳起,同时下踏震地。

③ 上步震脚:向前上步下踏震地。

④ 退步震脚:向后退步下踏震地。

⑤ 碾震脚:全脚着地,然后脚跟提起内转,再外转下踏震地。

⑥ 转身跺子脚:左脚向右向后迈步,上体左后转,随转体,右脚跟进在左脚内侧下踏震地成并步半蹲。

要领:震脚时膝盖应弯曲,五趾微扣,沉劲猛烈,全脚下踏;震脚时,身体忌起伏。其好处是增大力点承受面,减小单位面积压强。震脚脚底要承受身体下震压力和地面的作用力,而脚趾微扣可增大受力面积,保护脚底,使脚弓处血管以及神经免受过大压迫,也能有效预防足跟骨损伤。当扩大撑地面后,还可利用肌肉收缩和韧带拉力,借此提高并维持身体平衡,稳定性也相对加强。震脚也可体现出八极拳刚猛之特点。

2. 闯步

又称滑搓步。当一腿屈膝震脚之后,另一脚迅速向前搓地,直冲滑出,身体也相应随之朝前闯撞,成马步姿势。

要领:脚尖向前搓地,直冲滑出时,以脚尖先着地,随后,脚跟顶住地面,脚掌搓地前冲而闯撞成马步。其好处是:能保持重心稳定,不至于身体跌向前去,并能够接近对方,有利于施展各种攻击。当身体向前运动,脚步若不前冲滑闯,骤然而停,由于身体上部并没停下,势必造成惯性运动,会使整个身躯前跌。为了防止这种惯性运动,八极拳便采用搓步的措施,通过脚掌与地面摩擦,加大外力之作用后,才使惯性消失,如此定势方可稳固。其道理与紧急刹车原理相似。闯步正因为符合这一运动规律,八极拳才具备了下盘稳固的特点。

3. 拥搓步

一般由马步或虚步变为马步时常采用拥搓步。它是全脚掌着地,以脚心为轴,脚尖脚跟依次用力搓地面拧转成为马步或虚步。

要领:拥搓脚时要以脚尖、脚跟依次用力拧转,拧转时腿部稍屈。

四、八极拳的劲力习练要领

练习八极拳,首先要正确掌握要领,而最基本的要领就是八极拳对身体各部位的基本要求,即"含胸拔背、顶顶拔腰、沉肩坠肘、气贯丹田"。劲力是拳术的灵魂,只有把劲力练好,才能为以后的拳术练习打下坚实的基础,才能把实用技法练好、用精,才能在任何情况下都随时发出整体浑圆力,才能在实战中发挥巨大威力。

不同劲法在习练中,其训练方法亦有不同。八极拳的发劲方法按表现形式可分"明劲""暗劲""化劲"三种。明劲以刚劲为主,具有拳势威猛、沉稳、发如炸雷的气势。练明劲要求演练速度不可快,每个动作都要干净利落,不能拖泥带水,上、中、下三盘紧密配合,协调一致。其步形以四六步或马步为主。呼吸任其自然,不可憋气。虽说是打明劲,全身肌肉也需放松,不能僵死。暗劲就是去掉明劲那种气势逼人和动作如炸雷的外形,用力时沉稳,外柔内刚,这是暗劲的特点。练习暗劲动作要缓慢,劲力要均匀,尽量做到动作之间不断劲。其步法尽可能用拥搓步,尽可能不用跺子脚。三盘配合要协调一致,要有明显的对立统一劲力的感觉,注意用意不用力。化劲其特点是不受步法和套路的限制,身法最为灵活,随心所欲,反应灵敏,轻松自如,劲力饱满。其练法是:开始时步子走得慢,以后由慢到快,在不停地走动中进行,但还是要求紧密配合,做到气沉丹田,收腹提肛,内撑外圆,内外合一。

就劲力的习练顺序而言,要先打暗劲,体会要领在身体各方面的感觉,待感觉对了以后方可尝试发一点力,再随功力的增长而逐渐增加劲力,也就是"用暗劲把明劲逗出来"。但在具有一定功力后也切记少放足劲。八极拳练的是爆发力,也就是人们说的"寸劲",其讲的是劲到头发,但发的是通透劲,不是抖弹劲。动作过程要柔顺自然,充分放松,但要松而不懈,快速到位后,突然发力,发力时"像一垛泥撂到那",既要实又要稳,不能晃动、颤动。

按发劲性质来分,有十字劲、沉坠劲和缠丝劲三种。十字劲的特点是势沉劲猛,利用直线和弧线进击,往往能打出上乘拳法的透劲。发十字整劲的关键在于全身动作协调,充分利用全身的力量集中于一点。其方法是:练时要注意左撑右拉上顶下沉,以身正直为根,以整体推进,迅猛突发全身抖动之劲为本,以身体的重量及对于地面的反作用力所产生的爆发力和惯性为源。

沉坠劲的特点是疾速有力,动静分明,起势如崩墙倒,落地如树扎根。其练法要有意识地培养下肢力量,反复巩固基本动作和基本要领,要做到上松下实,基础稳固,气势贯于头顶脚趾,落步尽量屈膝裹胯,脚趾扣地,上体不能散乱。

缠丝劲如同枪炮弹膛中的螺旋线,易产生相当距离的穿透力,在拳法中属于较高级的劲力。在练习时,要在松紧、刚柔、虚实等相对矛盾、变化中体会、感觉、理解它的统一性。

初学者要首先选择能够充分体现八极拳劲力特点的动作来练习,比如撑锤、迎面掌和怀抱婴儿(马步顶肘)。无论是站桩培植内力,还是试劲、放劲都可以从这几个动作入手,进行反复练习。每个动作要一招一式地练,力求准确,切忌毛糙,最后由练习数量的积累而达到质的变化。八极拳拳师们常讲"怀抱婴儿不打到两万下,劲是出不来的",而撑锤和迎面掌则应该"没遍数地练,越多越好,要学到老练到老"。习练者要仔细琢磨八极拳发力的原理及过程,理论与实践相结合,反复印证,自会起到事半功倍的效果。

第四节 八极拳基本套路的教与学——八级拳小架十五式

八极拳小架是八极拳学习的基础,也被称为八极"母拳",因此很受重视。吴钟创拳之初,其弟子三人:吴荣、吴溁、吴钟毓。吴荣是吴钟之女,受性别影响,其套路编排上,与吴溁所练小架略有区别,受礼制影响,八极拳的起始动作为作揖顶肘(也有版本为罗圈揖)。而吴溁传八极拳小架,其开始动作则奉行了武林界长期流传的抱拳礼,由拉弓射箭(定阳针)为起始,充分反映了那个时代在技术创意与套路编排上男女有别的特点。本书选用的八极拳小架基本承袭传统,但为了更好地适应学校教学,在内容和动作名称上则进行了一定的筛选和调整,特此说明。

预备式

两手自然下垂,两脚并拢,眼看前方,成立正姿势站立(见图5.4.1)。

图 5.4.1

第一式　起势

动作一:右脚向右后方后侧半步,两手成掌在胸前交叉。左手在外,右手在内,两手掌心朝内(见图5.4.2)。

要领:重心后移,眼向前看。

图 5.4.2

动作二:两手向下分开,展开抬平,掌心向外,身体随右手向右转(见图 5.4.3)。两手由掌变成拳,两手曲肘。两拳在颌下相对,身体随之左转(见图 5.4.4)。

要领:眼随右手走,两手展开时要舒展大方,两拳相合时含胸拔背。

图 5.4.3　　　　　图 5.4.4

动作三:提左膝,绷脚尖向下,落脚并步,两拳同时下落于裆前(见图 5.4.5、图 5.4.6)。

要领:提膝时绷脚尖,重心稍下沉,拳和脚同时下落。

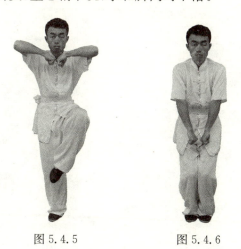

图 5.4.5　　　　　图 5.4.6

第二式　霸王作揖

动作:两拳在前由下向上抬平,拳眼向上,眼从两拳间向前看(见图 5.4.7)。

提左膝,向前落脚,同时两拳下落(见图 5.4.8)。

要领:提膝和抬拳同时到位,落脚和落拳同时到位,眼随两拳走。

图 5.4.7

图 5.4.8

第三式 迎门顶肘

动作:右脚上步,两拳抬起,身体向左拧转成马步,右手曲肘夹紧同时向右顶肘,拳心向上,同时转头向右看。左手曲肘撑于胸前,拳心向下(见图 5.4.9,图 5.4.10)。

要领:抬拳时两眼从两拳间向前看,藏头缩颈。顶肘时右肘夹紧,右拳抵于右腮,眼往右看。

图 5.4.9

图 5.4.10

第四式 开弓势

动作一:右手向右、向下、向左摆臂,在左边与左手环绕同时转向右腰间(见图

5.4.11、图 5.4.12)。

图 5.4.11

图 5.4.12

动作二：右转身成右弓步，同时左拳向前撑拳，右拳向后拉于腰间，眼从左拳向前看(见图 5.4.13、图 5.4.14)。

图 5.4.13　　　　　图 5.4.14(侧面)　　　　　图 5.4.14(正面)

要领：节奏较缓，转身和两手绕圈同时到位。左手撑拳用力往外顶，右手肘注意不要背肘。

第五式　单揣

动作一：左拳变成掌，向右、向下、向左摆臂；右拳变成掌，向下、向右摆臂，然后屈肘于右肩(见图 5.4.15)。

动作二：两手曲肘于下颌，同时提脚跟(见图 5.4.16)。震脚，同时右手迅速下按于裆前，左手护于右肩(见图 5.4.17)。

图 5.4.15　　　　　图 5.4.16　　　　　图 5.4.17

要领:右手下按的同时重心下沉,左手撑圆,眼往右前方看。

第六式　朝阳手

动作一:右手掌心向外,右下向右上摆臂,左手同时向后拉于腰间(见图 5.4.18)。

动作二:右手顺时针翻腕使掌心向上(见图 5.4.18)。左手向右前方插掌,右手同时捏拳迅速收于腰间,右脚收半步变成虚步(见图 5.4.19)。

图 5.4.18　　　　　　图 5.4.19

要领:右手翻腕时仅手腕运动,手臂不动。插掌和虚步同时到位。

动作三:左手顺时针翻腕掌心朝外(见图 5.4.20)。左脚向右脚靠,同时收左手护于右腋下,右手向右前方迅速推掌(见图 5.4.21)。

图 5.4.20　　　　　图 5.4.21

要领:右手翻腕时仅手腕运动,手臂不动。右手推掌和并步同时到位。

第七式　扫裆

动作:左脚向左跨步,左手向下、向左划圆曲肘于右肩,同时右手变拳迅速向下摆臂至裆前(见图 5.4.22)。

图 5.4.22

要领:向左滑步,左手护于右肩,手臂向外撑圆。

第八式　双揣

动作一:两手成掌,左手向下、向左、向上摆臂,右手同时向下、向右、向上摆臂(见图 5.4.23)。

· 101 ·

动作二：两手同时曲肘，掌变成拳于颌下，两脚跟提起（见图5.4.24）。震脚同时两拳下砸（见图5.4.25）。

图5.4.23　　　　　　图5.4.24　　　　　　图5.4.25

要领：两手展开时脚跟跷起，震脚的同时重心下沉。

第九式　大缠

动作一：右脚右转震脚，身体右转，同时两手由下向上交叉（左手在上，右手在下），掌心向上，左脚上步（见图5.4.26）。

动作二：左手翻掌，掌心向下往前下方下按。右手往回拉至腰间，掌心向下，身体同时左转（见图5.4.27）。

图5.4.26　　　　　　　　　　图5.4.27

要领：右手下按，左手后拉时左脚碾步，同时重心下沉变成半马步。

第十式 缠撞

动作一:左手变成拳,向下向右运动至右腰,右手握住左手手腕(见图 5.4.28)。

动作二:身体左转,提左脚然后震脚,两手同时抽回左腰间,右脚提起扣于左膝(见图 5.4.29)。

动作三:右脚向右落步变成右弓步,右手保持抓住左手手腕,左手向前冲拳(见图 5.4.30)。

图 5.4.28　　　　　　图 5.4.29　　　　　　图 5.4.30

要领:缠手、震脚和扣膝同时到位,冲拳时右手始终抓住左手小臂。

第十一式 劈膝掌

动作一:两手成掌,向内向外翻掌,两掌分别向两边下劈,同时提左膝,眼往左看(见图 5.4.31)。

图 5.4.31

要领:提膝时左手顺小腿往外劈开,脚背绷直,眼往左看。

动作二:左手成拳曲肘格挡于右耳侧,右手曲肘于右腋下(见图5.4.32)。

动作三:左脚向前落步成弓步,左手向下向左摆臂变成勾手,右手指尖朝下向前下方推掌(见图5.4.33)。

图5.4.32　　　　　　图5.4.33

要领:后脚跟到头顶绷直成一条线,两手臂成90°,眼看右手。

第十二式　挂肘撩阴

动作一:向后转身,右脚虚步,两手抱于左腹,右手成掌在外向下,左手成拳在内向上(见图5.4.34)。

动作二:右脚震脚,左脚后撤成右弓步,左手成拳抽回左腰间,右手成掌虎口朝下向前下方撩掌(见图5.4.35)。

图5.4.34　　　　　　图5.4.35

要领:后脚跟到头顶绷直成一条线,左手注意不要背肘,眼看右手。

第十三式　挂塌

动作一:收右脚成虚步,左手变成拳曲肘格挡于右耳侧,右手变成拳抽回右腰间(见图5.4.36)。

动作二:左手向下、向左摆臂,右脚向后跨、踏步,右手同时成掌向前推掌(见图5.4.37)。

图5.4.36

图5.4.37

要领:推掌和向后跨步同时到位,两手臂成90°。

第十四式　扫裆挂耳

动作一:左脚向右脚并步,两手变成掌同时向下、向右摆臂(见图5.4.38)。

图5.4.38

动作二:左手划到右肩时曲肘变成拳,继续向左转动,左手肘到达左边时迅速夹紧肘部并转拳使拳心朝上,右手迅速握拳并转拳使拳眼朝上(见图5.4.39)。

图 5.4.39

要领:左手夹肘、右手变拳转腕、重心下沉和转头左看同时到位。

第十五式　收势

动作一:双手在胸前交叉,右脚向右后退步,向右转身,两手分别向下、向左、向右摆臂(见图5.4.40、图5.4.41)。

图 5.4.40　　　　　图 5.4.41

要领:重心后移,眼向前看。眼随右手走,两手展开时要舒展大方,两拳相合时含胸拔背。

动作二:向左转身,两手曲肘变成拳于颌下,同时提左膝,绷脚尖向下。左脚落下与右脚并步,两拳下按,两腿微下蹲(见图5.4.42、图5.4.43)。

图 5.4.42　　　　图 5.4.43

动作三：直身，两手变成掌收于两边自然下垂（见图 5.4.44）。

图 5.4.44

要领：提膝时绷脚尖，重心稍下沉，拳和脚同时下落。

第六章 体用兼备——劈挂拳

为尽量涵盖不同风格特点的武术拳种,满足大学生对武术习练的不同需求,本章将介绍以长击远打为代表的拳种——劈挂拳。长拳短打是中国武术中两种截然不同的技击风格。相比于八极拳强调近身短打,劈挂拳则追求远范围的周打。从技术风格上看,劈挂拳讲究"长击远打,克敌制胜",即远则长击,近则抽打,可收可放,可长可短,它将中国武术"一寸长、一长强"的技击理论表现得淋漓尽致。因此,如果能将八极拳和劈挂拳结合习练,实战和演练效果更佳。但两者仍属独立的拳种体系。合之,或可以俱美;分之,绝对不至于两伤。近代著名技击家徐哲东因此在其名著《国技论略》中专门提出:"长拳短打,不是泾渭分明,而是经纬恒兼,不可唯独,只可为主。"

第一节 劈挂拳历史溯源

一、劈挂拳释义

《史记·五帝本纪》记载,(黄帝)"披山通道,未尝宁居","披"为"劈"。辞海"披"也解释为"劈"。何谓劈挂呢?中国汉字常用意义相近、相反或相关的两个语素的并列组合来构词表义。例如健康,"健"既是形声字,又是会意字,从人从建,含义是有力的;"康"的含义是五个方向的道路都通畅,其本意就是有路子,行得通。

中国人对健康的理念源于中医的气血理论,也就是说气足有力为健,经络通畅顺达为康。因此,心理和精神健康不但要有心气、有动力,还要想得开、想得通。而在武术中,也常采用这种语文上的规则。比如擒拿,擒与拿,为两技:擒是施术之始,拿是施术之成,其实引领着众多同属此类使敌不能逃逸的方法。比如摔角,摔与角,亦是两组技术群:摔是绊子,角是抢把,其中包含许多将敌跌翻倒地的武技。

劈挂掌法也同此例。劈,是由上而下的动作,主攻;挂,是由下而上的动作,主守。用劈与挂,不但类举了攻与防,而且分述了上下移动于主轴上的基本掌法,以概全体。

二、劈挂拳的起源与发展

劈挂拳,因多用掌,故而又称劈挂掌,起于明代中后期,最早发源于沧州。西北劈挂拳传承人车星辰在其撰写的《沧州劈挂拳简介》中介绍道:"劈挂拳约产生于明代中晚期,清代中期后,主要流传于河北沧州一带,故称沧州劈挂拳。"清末主要传习于河北盐山、沧县、南皮县等地。清代同治年间传入京津地区,宣统二年(1910)天津中华武士会成立,列劈挂拳为主要科目之一,传播于华北地区。《纪效新书·拳经捷要篇》记载较详,其"三十二势"多为"披挂"内容。例如第六势的"秘诀"云:"倒骑龙诈输佯走,诱追入遂我回冲,凭伊力猛硬来攻,怎当连珠石包动。"其中"倒骑龙"势,据专家考证,就是劈挂拳中的"倒发乌雷"势。又如第十一势的"秘诀"云:"抛架子抢步披挂,补上腿那怕他识,左横右采快如飞,架一掌不知天地。"把劈挂拳单招编入三十二势长拳之中。

到清代中叶,劈挂拳在河北沧州发展成为两个支系:沧州南皮为一支,是由郭大发传授的劈挂拳,后传于郭长生;沧州盐山为另一支,由清朝左宝梅(人称左入爷,盐山小左庄村人)从一韩姓逃僧学得劈挂拳,后传于马凤图、马英图兄弟两人。1928年在南京成立了中央国术馆,郭长生与马英图两位先生共同对劈挂掌进行了整理和修改,劈挂拳被列为研习演练的高级拳术。修改后的劈挂拳面目一新,神韵大增,除增加了速度和爆发力外,重要的是已糅进了通臂拳的先进步法——激绞连环步。劈挂拳这一民族遗产在原有的基础上向前发展了一步,以其别具一格的风姿树立于武坛,民国以后,以沧县、天津、兰州、沈阳等地为盛。新中国成立后,劈挂拳遂被列为竞赛项目,现已遍及全国。至今,劈挂拳在全国乃至国外已是一个内容丰富、传流广泛、知名度较高的拳种。

任何同属一脉的拳种在承传过程中难免在劲力、风格以及套路结构上有所变异。劈挂拳在自身的发展过程中,逐渐形成西北、河北两支劈挂拳系列。目前,在甘肃、陕西一带广泛传承通备①劈挂拳术的套路有:一路劈挂、二路青龙、三路飞

---

① 通备武艺是我国武术中独树一帜、融会贯通、宏富深邃的一个武术流派门类。它继承了颜李学派"文通武备"学说,以"理象会通、体用兼备,融通古今、兼备内外,通神达化、备万贯一"为理论基础,弘扬明清以来诸多古典武艺拳械技艺精粹,将流传于河北、东北的劈挂、八极、翻子、戳脚等长拳与短打两类拳法及西北鞭棍精要合为一体,形成"气势雄峻、身法矫健、劲力通透"的风格,成为以"刚柔相济、长短兼备、三体同功、精力神全"的通备劲统领的通备门拳械体系和存留中华古典武艺精华较多的一个传统武艺类别。它盛行于大西北陕、甘、宁、青、新诸省区,流传于国门内外。

虎、四路太淑和大架子。在沧州一带广为流传的劈挂拳术套路有：挂拳、青龙拳、慢套劈挂拳、快套劈挂拳和炮锤。

第二节 劈挂拳的内容、风格特点及习练要领

一、劈挂拳的内容

劈挂拳的主要内容包括拳术、器械、基础训练及散手四个部分。其中，拳术包括一路劈挂（亦称抹面拳）、二路青龙、三路飞虎、四路太淑。至今一路劈挂拳已在全国各地流传习练，不少运动员在比赛中以一路披挂作为比赛套路。此外还有包罗四个套路技术的"大架子拳"，为其母拳，亦称静功，讲究慢拉柔练以调劲运气。

劈挂拳期初只有拳术，没有器械套路，后来在马凤图和马英图等前辈的共同编创下，根据劈挂拳的劲力特点，创编出了劈挂刀、通备大剑、通备小剑（绨袍剑）、劈挂棍、劈挂枪、双刀、风头阁、拦门橛、三节棍器械套路。且练法上独具劈挂风格，至今传习不多。近年来，劈挂吸取了陇南鞭杆，在劲力和技法上加以改变，使之闪展灵活、劲法多变，形成了有韵味的鞭杆技法和套路，实战性颇强。劈挂拳的基础练习主要有十二大趟子、十路弹腿、溜脚势等。劈挂拳丰富的技术内容和独具风格的技法，与其严谨而系统的基础练习分不开。"十二大趟子"，也即十二个招法，不仅是进行套路"盘劲"的有效方法，而且招招技击性强，可以反复单练，用于散打实战之中。这十二个招法是：单劈手、鹞子穿林、双撞掌、戳指掌、倒发五雷、缠额手、开门炮、大跨步、小跨步、招风手、铁扫帚、抄锤。

二、劈挂拳的风格特点

劈挂拳在理论上是较为完备的，其技术内容包括滚、勒、劈、挂、剪、采、掠、摈、伸、收、摸、探、弹、砸、擂、猛等十八字诀。其习练方法上讲求吞吐伸缩、虚实往返、回环折叠；劲道上注重翻扯劲和辘轳劲；练习中要拧腰切胯、溜臂合腕，整套演练追求汗衣流水、气势贯通的效果，尤以劲力是否透彻纯正来评品运动员的功夫和演练水平。

在技击上，劈挂拳讲究吞吐伸缩，放长击远，回环折叠，虚实往返，招法珠连，带攻猛进。主张以快打慢，以长制短，闪进攻取。基本攻防规律为高来则挂，低来则劈，横来则拦，顺来则搬。其拳谚云："千趟架子万趟拳，出来一势打不完。"完战时讲究"击中目标是小胜，打倒目标乃上乘"。

其主要劲法有辘轳劲、翻扯劲、吞吐劲、滚勒劲、通透劲等。发力时要求臂、肩、胸、腰、背、胯、膝、腕各关节柔活自然，放松不拘，合蓄开发，势猛力柔，柔中含刚，即蜿蜒蛇行，用之轻松，意含铁石。运力时劲力集中于"吞吐开合，起伏拧转"。躯干开合如弓，胝胸背吞似弦，发出之力犹如离弦之无影快箭，与上下肢及躯干的起伏拧转形成调全身之力，以最快速度集中于一点的合力。

具体在身体部位上，其手臂的动作特点是：两臂条直，搂臂合腕，大劈大挂，放长击远。躯干和下肢的动作特点是：前握后扣，吞胸凸背，缩肩藏头，拧腰切胯，合膝钻足，收腹敛臀。其步法多为跨步、辗转步、激绞连环步。运动时步法灵活多变，连环交织，快如激涛之浪，一经接触，使对方防不胜防，形成了逢进必跟，逢跟必进，进跟连环，环环相套，敏捷疾速的独特风格。

在拳法实战中，劈挂拳则遵循"理（拳理）象（拳势）会通，体（健身）用（技击）兼备"的原则，故也称通备武艺拳术中之一拳系，其招法技击强，主张以快打慢、以长制短、横拦斜击、闪进功取。然而"长"之弊端往往在于不宜收，易使对方乘虚而入。为此，劈挂在猛劈硬挂、大开大合中还讲究一个"滚劲"，以圆分劲，化势而走，翻滚不息，一以贯之。如同戚继光拳注中所说："不招不架只是一下，犯了招架就有十下。"劈挂拳的训练，常常遵循"慢拉架子，快打拳，急出招"的训练步骤，从拉架势、调劲气到演练拳套，进而技击用招，步步深入，环环相扣，使套路与散打技术融会贯通，既有区分又有关联。

表现在整体上则是：大合大开，猛起硬落；合如伏炮，缩身藏头，开如炮发，上下展炸；两臂劈挂，柔实抽鞭，长击准抽，翻腾不息；劲力饱满，舒展飘逸。即在交错劈挂的运用中松肩舒背，臂起时绵柔快速、劲力通透，劈落时力猛如炸弹，体现了柔中寓刚的特点。其风格是迅猛快捷，大劈大挂，起落钻伏，伸收摸探，拧腰切胯，开合爆发。双臂密如雨，快捷似闪电，劈挂赛抽鞭，发力似炸弹。劲力饱满，动作舒展，神形自如，洒落矫健，疾带多变。拳谚云："势无定势，形无定踪。"疾若奔涛怒浪，又似风雷搅顶，缓似轻风刚为实。动静快慢，刚柔虚实，互相转化。身法要求掩胸蜗背，蜿蜒蛇行，直出侧入，变转灵活。

三、劈挂拳的习练要领

劈挂拳行拳，气势磅礴，势不可当。行拳以腰为轴，走轮子劲和辘轳反扯劲，要求两臂条直，放长击远，讲究一寸长一寸强，以长制短，两臂大开大合，大劈大挂，两臂交劈，势如破竹，劲猛沉实，能放能收。步法多绕步、跟步、闯步，多蹿蹦跳跃，灵活多变，身法闪展腾挪，起落钻伏，有鹞子穿林之巧，狸猫扑鼠之妙，倒翻五擂之猛。习练中特别要注意以下几个方面。

(1) 两臂条直,搂臂合腕。劈挂拳中,两臂劈挂抡挑的技法很多,要求以肩为轴,行圆如轮,直而不僵,手腕向内含劲,从而形成劈者必搂,腰臂配合,既能放长击远,又能在躯干滚裹的带动下,收放灵活,伸缩自如。

(2) 拧腰切胯,合膝钻足。劈挂拳动作的变转,多以腰为主宰,前握后扣,左右扭拧,"以腰使拳",有"腰似弦,手似箭"的说法,强调腰的拧转发动作用。"拧腰",即上体左右转动时,要收腹含胸,使上体前俯,以求拧劲;"切胯",即拧腰时,两胯上下错劲(向下者为切胯,亦称裹胯);"合膝",即切胯时,后腿的膝部向里合扣劲,与前腿膝窝对准,使之与两脚成一条直线;"钻足",即合膝时,脚跟提起,前脚掌着地,向里辗转如钻,以求钻足入地的感觉。四者必须协调一致,使腰腿的力量充分发出,达于手臂上。

(3) 大开大合,放长击远。这是劈挂拳的又一显著特点。指全身动作,开要速度快、幅度大、放得长、打得远;合要合得拢、收得紧而利于发。做到"合如伏炮,开如炸响"。就是说,开合尽情"快速有力,具有爆发性和突然性"。

(4) 上下一致,内外完整。凡动作时,手眼身步无不协调一致,动则齐动,停则齐停;形收意合,形开意放;势含力合,势开力张。发力宜行气(指发力前要蓄力蓄气,发力时要腰骏绷劲,以鼻呼气),步到手到意到。总之,要求每个动作都要上下协调一致,且要与意识、呼吸、力量密切配合,前后贯穿,内外完整。整套动作的演练,要求气力贯通,一气呵成,有快有慢,刚柔相兼,节奏分明。

在拳术套路习练方面,劈挂拳一路抹面拳以"劈"为主,腰、胯、步为基本操练部位。劈挂拳二路青龙拳,以"挂"为主,进行"行场过步,抢门插招"的练习,较之劈挂拳一路行势较多,技击的手法更为显著,手法中的连锁反应是它的主要特点。劈挂拳三路为飞虎拳,"飞"者、"快"也,"虎"者、"力"也。因此劈挂拳三路不仅动作遒劲,而且快速连贯,在身势上的三盘一贯,穿、蹦、跳、跃、起、伏、转、折等方面特色显著。其在套路结构上破除了原始的组织形式,后经马凤图先生的重新创编,与前两路劈挂拳相比,具有长短兼顾的优点。劈挂拳四路为太淑拳,在通备劲力的基础上,集太祖拳、八极拳、戳脚等各拳种的技法特点于一体,使拳法发劲刚猛,暴烈骤变。在技法上主要体现为手脚齐动,上下合击,以腿脚为先,连环踢打,左右互换的技击风格。

第三节 劈挂拳基本技法

一、劈挂拳的主要手形、步形、步法

1. 劈挂拳的主要手形

(1) 瓦楞掌。手指撑开,手背拱起,手心空出,手心呈瓦片状(见图6.3.1)。

图 6.3.1

要点：手腕微微仰起，力量顺着指尖往前撑。

（2）瓦楞拳。拇指第一指节和其他四指的第一、二指节用力弯曲，手腕上翘（见图 6.3.2）。

图 6.3.2

要点：手腕弯曲，握拳劲力饱满。

（3）铲拳。手指的卷曲与瓦楞拳相同，不同的是手腕伸直（见图 6.3.3）。

图 6.3.3

要点：手腕平直，劲力饱满。

2. 劈挂拳的主要步形

（1）双弓步。两脚前后分开，平行站立，前脚尖略内扣，后脚掌着地，脚跟提起，两腿间相隔一步距离，双腿微弯并形成内扣合力。目视前方，双臂自然下垂，常与跟步衔接（见图 6.3.4）。

图 6.3.4

要点：身直背挺，两腿内扣。

（2）跪步。前腿屈膝下蹲，大腿近水平，脚踏实地，前脚尖微内扣。后腿屈膝跪接近地面，后腿膝盖对准前腿膝弯，脚跟提起。左腿在前为左跪步，右腿在前为右跪步（见图 6.3.5）。

图 6.3.5

要点：合膝钻足。

（3）其他常见步法。即武术中通用的弓、马、仆、虚、歇步。

3. 劈挂拳的主要手法

手法主要有劈法、挂法、挑法、撩法、横法、撞法、穿法、拍法、撑法等。动作快速连贯，主要方法有滚、勒、劈、挂、斩、卸、剪、采、掠、摈、伸、收、摸、探、弹、擂、砸、猛等。劈挂拳腿法灵活，提膝护胸，勾足蹶肋，伸足朝天，左右抹面。

4. 劈挂拳的主要步法

劈挂拳的步法主要以辗、转、拧、锉、扣、提、进、退等构成它的行场过步和进退往返的奇正变化。其步法多变，身法灵活，讲究进必跟，退必疾。还讲究"慢拉架子,快打拳,急出招"的原则。拧转步和激绞连环步是劈挂拳的基本步法。

(1) 拧转步。

动作一:两脚与肩同宽站立,双脚跟提起使前脚掌着地,双腿微屈;左手平伸,右手自然弯曲平置胸前,掌心朝下,目视左方(见图6.3.6)。

动作二:双脚掌同时蹬碾,双腿保持弯曲度不变;腰部发力带动双手向右转,右手伸直,左手自然弯曲平置胸前,掌心朝下,同时转头看向右边(见图6.3.7),以此左右不停地拧转互换。

图 6.3.6　　　　　　　图 6.3.7

要领:脚下蹬碾灵活,腰部发力协调,双手摆动平衡。拧腰切胯,合膝钻足一致。

(2) 激绞连环步。

动作一:从左双弓步开始。左脚向前(或斜前)进一步,右脚(脚前掌拖地)立即取步,仍成左双弓步(见图6.3.8)。

动作二:左脚再进半步,右脚立即向前上一大步,随之,左脚再立即跟步(脚前掌拖地)成右双弓步(见图6.3.9)。连续做时,动作相同,左右相反。

图 6.3.8　　　　　　　图 6.3.9

二、劈挂拳的单式训练技法

1. 单劈手

劈挂的基本训练是以十二大趟子中的若干招式的单操起手,其中最重要的是单劈手。单劈手是习练劈挂拳的起点,是反反复复、贯穿始终的内容,也是素质训练、功力训练和击技战术训练内容。单劈手练习大致要经历定势、行势、串势三个阶段。

单劈手的主要发劲方向为左右侧向劲,包括滚法(手臂拧转内旋,即滚法)、劈法(中臂由上向下时,即劈法)、挂法(由下向上至耳侧时,即挂法)、挑法(单劈手后,手臂由腿外侧向前上运动时,即挑法)。动作具备起伏、开合、吞吐、展折的特点。其基本方法如下(以左侧单劈手为例)。

预备势(滚背):成左双弓步、上体前俯于左大腿上方,左臂屈肘。左掌贴于右耳侧,掌心向外;右臂伸直贴于左大腿外侧,掌心向外,目视左下方(见图6.3.10)。

图6.3.10

要点:缩肩藏头,收腹敛臀,屈膝扣足,重心稳固,两臂夹紧,使全身成为一整体,不可松散。

动作一:左脚向左开步。脚跟提起,膝内合,右脚内扣成双弓步;同时左臂内旋,向下至体左后侧,左掌虎口朝下,右掌屈肘向上经右肩前插在左腋下,掌心朝里,目视右方(见图6.3.11)。

动作二:左掌贴胯向前挑,成两臂交叉。目视左掌前方(见图6.3.12)。

动作三:左掌直臂向上、向左划弧,右掌向上、向右划弧;同时身体以两脚掌为轴向左蹬转,目视左下方(见图6.3.13)。

动作四:上体左转前压;右肩前探,带动右掌直臂向上、向前划弧,至前方虎口朝上;左掌直臂向下、向后至身后,掌心朝下,两臂前后平直,目视右掌前方(见图6.3.14)。

图 6.3.11　　　　　　　　图 6.3.12

图 6.3.13　　　　　　　　图 6.3.14

单劈手要点:双弓步时,收腹含胸,左肩内扣;左臂要直贴左胯而过;要转足合膝,转腰带臂,两臂要立圆划弧;转腰切胯,以腰带右臂向前下劈,右肘部要擦耳根,掌尽力远伸;劈掌要收腹含胸,两臂合力抱紧,均要上下一致,动作连贯。

此外,通过左右连续做的方法,可以提高练习翻子拳、劈挂拳所需要的基本功,如全身肌肉关节的灵活、协调、力量及两脚的稳定性等。左右连续习练时,要做到以下几点:连贯性要强,手臂的方法要到位;并腰切胯,合膝钻足要一致;腰背发力,力达前臂及手掌小指侧;两臂抡转起来要两臂条直、搂臂合腕、抹眉擦耳(即肱部经头侧时要求擦着耳和眉梢而过),要走立圆,犹如皮鞭。

2. 横拦手

横拦手是翻子拳、劈挂拳的基本功之一,主要是锻炼以拧腰为主的左右横向劲。以脚的蹬碾带动腰部拧转、手臂开合。

预备姿势:右(左)手在内掌心向外,右手在外掌心向内,左脚在前,右脚在后成跪步(见图 6.3.15)。

动作:从右向后转身,两手同时水平向外摆开(见图 6.3.16)。然后身体转回、两手内合变成预备式(见图 6.3.15)。如此重复 20 次为一组进行练习。

图 6.3.15　　　　　　　图 6.3.16

要领：拧腰转身先转头，回身搂抱脚蹬碾，两手在同一水平线上运动，切忌上下晃动。

右横拦手连续两次，第三次横打开时左脚横上180°，接左横拦手，重复三次再接右横拦手。

要点：横拦手尽量保持跪步姿势拧转，身体重心不要起伏。上步灵活，大开大合，搂抱狠辣。

3. 反弓背

反弓背是翻子拳、劈挂拳的基本功之一，主要锻炼前后腰腹折叠的纵向劲。以腰腹为主的开合、折叠、舒展、拍打。

预备姿势：两脚成马步，左手掌心向外于右肩前撑圆，右手自然下垂，手臂内旋，掌心朝外，防于裆前（见图 6.3.17）。

动作：右手从下向上、向后抢臂，身体成反弓形，右手背拍打左臀外侧，同时左手向前向下划圆（见图 6.3.18），身体向右拧转，眼看右下方，余光看右手（见图 6.3.19）。拍打完后随即返回，成准备式。

图 6.3.17　　　　　图 6.3.18　　　　　图 6.3.19

要领：手腕放松，拍打时切勿用手腕拍打，以免手腕受伤；向后抡的手要抡立圆，抡圆时手臂贴着耳朵走。

第四节 劈挂拳基本套路的教与学——劈挂拳精要十八式

劈挂拳有抹面拳、青龙拳、飞虎拳、太淑拳四路，抹面拳是劈挂拳入门拳。一路抹面拳共计四十四式，为了课堂教学方便，特简化为十八式，具体如下。

第一式 起势

动作一：抱拳礼后并步挺立（见图6.4.1），后双掌置于体侧贴于裤缝，目视前方。

动作二：双掌猛提至腰间，转头目视左前方，身体微前倾（见图6.4.2）。

动作三：上左步，跟步下蹲，双手向前搂抱，目视前方（见图6.4.3）。

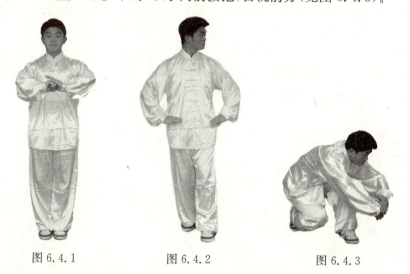

图6.4.1　　　　图6.4.2　　　　图6.4.3

动作四：身体直立而起，右腿单腿支撑，左腿屈膝尽力上提，绷脚尖，双掌顺身体与左脚方向打开，身体略后仰，目视左手（见图6.4.4）。

动作五：背身左脚落地成弓步，双掌收回自腰间向背后拧穿，同时头带动身体左后拧转，双掌收回指尖相对至胸前；并步站立，目视左方（见图6.4.5、图6.4.6）。

要领：开合起伏时要大开大合，开要身体舒展，合要身体团缩。动作变化行云流水，柔中带刚，眼随手走，劲力饱满。

图 6.4.4　　　　　　　图 6.4.5　　　　　　　图 6.4.6

第二式　单劈手

动作一：左单劈手。撤右步成跪步,同时拧身转头看左侧,成埋伏势。双臂同时内旋(滚),双手为勾手,右手肘平抬置于右脖颈处,左手自上而下贴身下挡(勒),置于两膝之间(见图 6.4.7)。上左步成弓步,双手贴身画圆自上向下一次劈下(见图 6.4.8);单劈手具体要求及做法同基本功单劈手。劈完后双臂搂抱,含胸拔背,腿成双弓步,头往后看(见图 6.4.9)。

图 6.4.7　　　　　　　图 6.4.8　　　　　　　图 6.4.9

动作二：右单劈手。与动作一方向相反,动作相同。
动作三：左单劈手。与动作一相同。
要领：①劈挂带打,拍打击响,宛如一挂鞭;②左右单劈手互换连贯,脚底蹬碾,充分体现出含胸拔背。

第三式　反滚臂戳掌

动作一：左单劈手结束后，右手沿着有单劈手的路线反背滚劈（见图6.4.10）。

动作二：左掌从左颌旁顺着右臂方向猛戳而出，同时右掌回缩（见图6.4.11）。

动作三：右脚偷步单腿支撑，左脚提膝尽力拔高；身体含胸拱背，尽力往前探出；目视右手方向（见图6.4.12）。

图6.4.10　　　　　　图6.4.11　　　　　　图6.4.12

要领：①滚臂戳掌时腰腹发力，刚柔并济，不可太僵；②脚步灵活，提膝绷脚。

第四式　偷步回身穿掌

动作一：接反滚臂戳掌动作，左脚向左后方落地成仆步，左手自右上往右下贴地仆步穿掌，右手在右上伸直，摆头看向左边（见图6.4.13）。

动作二：身体重心移交左腿，左腿单腿支撑，右脚扣膝，上步成右弓步，右掌顺势穿出，左掌在后条直，目视右掌方向（见图6.4.14）。

图6.4.13　　　　　　　　　图6.4.14

要领：①身未动，头先转，以头带动身体重心转换；②穿掌要贴身、贴地而走，手随身走。

第五式　左挂臂戳掌

动作一：撤左步，退右步叉步，同时左斜下方单劈手（见图6.4.15）。

动作二：右掌斜上、左掌斜下对称猛撑，同时左腿单脚支撑垫步，右腿尽力高提膝，身体含胸拱背前探，目视左手方向（见图6.4.16）。

动作三：右脚落地震脚，左脚顺势落地成马步，同时左掌由外向内挂，紧接着左掌前推，右掌头顶架挡，目视左手方向（见图6.4.17）。

图6.4.15　　　　　　图6.4.16　　　　　　图6.4.17

要领：①斜下单劈手身体尽量倾斜，变为提膝撑掌时衔接要连贯；②震脚落步为闯步，腰腹发力，身体整劲。

第六式　滚勒扑地掌

动作一：接戳掌，撤右步成双弓步，双手滚勒，重心在右腿，目视左后方（见图6.4.18）。

图6.4.18

动作二：右腿弹跳而起，左脚落地震脚成右仆步，双掌接滚勒势各自画圆，左掌拍地，左掌在左上，双臂条直，目视右前方（见图6.4.19）。

要领：起跳高度要适宜，控制好身体重心，动作协调连贯。

第七式　拔步托闯

动作一：接扑地掌，右脚发力，身体如旱地拔葱腾起，双手成掌回缩，左手在身体左侧，右手向头顶运行。

动作二：右脚落脚震地，左脚落地脚尖方向与右脚垂直，身体拧腰发劲，向左侧整劲闯出成马步；同时右手上托内旋翻掌架挡，左掌向左打出，目视左手（见图6.4.20）。

图6.4.19　　　　　　　　　　图6.4.20

要领：①拔步时身体凝住不散；②落地闯步腰身发力，脚下蹬碾。

第八式　三环套月

动作一：接托闯，左脚叉步，身体向下团缩，收腹含胸拱背，两手环抱，目视左侧图（见图6.4.21）。

动作二：右脚右上一步，双掌由下托上，在由上而下分劈，身体直立，百会上顶，目视右侧（见图6.4.22）。

动作三：左腿叉步连做三次，第三次分劈时成右弓步，身体重心前探，双掌向后分劈，目视前方（见图6.4.23）。

要领：抱合充分团缩，分劈充分伸展，头上顶，动作连贯。

图 6.4.21　　　　　图 6.4.22　　　　　　　图 6.4.23

第九式　乌龙盘打

动作一：接三环套月势，右手贴地滚勒，左手回收画圆，同时身体重心移向左腿，成左仆步（见图 6.4.24）。

动作二：右手向右前方劈出，左手紧跟着向右劈（见图 6.4.25）。

图 6.4.24　　　　　　　　　图 6.4.25

动作三：身体以腰为轴，自左向右再向左涮腰，眼随手走（见图 6.4.26）。

图 6.4.26

要领:眼随手走,手随身走,腰部柔软灵活,前俯尽量贴地,后仰充分伸展,弓马步转换衔接自然流畅。

第十式　卸势下拦截

动作一:接乌龙盘打,左手下劈过后顺着身势向左上贴身抡臂,右手紧跟左手向左上方撩。

动作二:当右手运行至腰附近时,左手拦截右手拍击;身体重心前移,成左弓步,目视左手(见图6.4.27)。

图6.4.27

要领:充分借助乌龙盘打惯性拦截拍击。

第十一式　立地通天势

动作:接下拦势左腿发力,右腿直立成单腿支撑,同时双掌上下分劈打开,身形略后仰,目视左前方(见图6.4.28)。

图6.4.28

要领:身体充分舒展,双掌上打下拦与提膝后仰相协调。

第十二式　眼望三见手

动作一:接立地通天势,左脚落地,身体重心在右脚,左手掌指前方,后手握拳在身后,目视左手(见图 6.4.29)。

动作二:身体重心前移至左腿,右脚擦地前踢弹腿,右拳同时自下而上豁打(一见手),左手回缩,左掌拍击右手小手臂,目视前方(见图 6.4.30)。

动作三:右脚震脚落地单腿支撑,左脚前落地成弓步,同时左拳随着左脚落地节奏出拳打咽喉(二见手);身体略微后仰,然后猛然前探,左拳伴随身形,先收再打向眼鼻部位(三见手),身体前探;右拳收回腰间,目视前方(见图 6.4.31)。

图 6.4.29　　　　　图 6.4.30　　　　　图 6.4.31

要领:①一见手豁打手脚协调发力;②二、三见手配合身形协调连贯。

第十三式　提膝托手

动作:左腿发力弹起成右腿单腿支撑,左腿屈膝,绷脚尖;同时左拳变掌,自下而上向上托起,拳心朝上;右拳放于腰间,目视前方(见图 6.4.32)。

图 6.4.32

要领:前脚蹬地用力要适度,手脚协调配合,身体紧绷。

第十四式　跃步掖捶

动作一:接提膝托手,左脚落地垫步向左前方跃出,身体重心拔高,左掌前伸,掌心朝上,右拳抬起,拳心朝外(见图 6.4.33)。

动作二:右脚落地,左脚叉步,双腿屈膝下蹲,右拳向下掖捶,左掌护在右颈处,目视右拳(见图 6.4.34)。

图 6.4.33　　　　　　　　图 6.4.34

要领:垫步跃出控制好重心,手脚协调,掖捶时双手手臂内旋。

第十五式　翻身高探马

动作一:接掖捶,翻身左脚单腿支撑,右脚提起扣膝盖;同时左手抡劈,右手紧跟抡劈,左手上接右手拍击,身形前探,目视拍击方向(见图 6.4.35)。

动作二:右脚向右跨一步落地,左脚紧跟双腿并步,同时双掌分劈掌,身体挺立,目视右侧(见图 6.4.36)。

图 6.4.35　　　　　　　　图 6.4.36

要领:探马劈打应充分借助转身惯性,打完立马脚落地分劈,衔接要快。

第十六式　平云手转身归门

动作一:接高探马,上左步,脚尖外撇,上右圈步,上左步成虚步,身体旋转180°,双腿微曲(见图6.4.37)。

动作二:双臂自胸前交叉平云,右手成掌向右上方撑出,左掌收回腰际,目视左侧,含胸拔背,劲力饱满(见图6.4.38)。

图6.4.37　　　　图6.4.38

要领:①云手要舒展大方,潇洒飘逸;②脚步灵活,如行云流水。

第十七式　退步双托手

动作:接归门式,左脚后叉步,同时右臂外旋收于腰间。双掌自腰间向左平托出,目视前方(见图6.4.39)。

图6.4.39

要领：双托手身体随着双手尽量向前伸，臀部尽量向后坐，形成吞吐劲。

第十八式　收势

动作一：接双托手，右腿向右跨一步，身体向右转，脚下蹬碾成右双弓步，同时双掌自腰间向两侧打开，目视左手方向（见图6.4.40）。

动作二：收左脚，双腿并拢，双腿微曲，身体向左拧转，正面朝起势方向，双掌收回胸前指尖相对，目视左方然后转向正前方，身体慢慢完全挺立，同时双掌下沉由掌变拳收回腰间（见图6.4.41）。

图6.4.40

图6.4.41

动作三：行抱拳礼结束。
要领：双手舒展，身体放松，眼随手走，潇洒自如。

第七章 善之善者——翻子拳

翻子拳历史悠久且流传广泛。明代抗倭名将戚继光在其所著的《纪效新书》卷十四《拳经捷要篇》提到的"八闪翻"这就是人们今天所说的翻子拳。拳谚曰:"双拳密如雨,脆快一挂鞭。"在戚继光编著的三十二势中也吸取了属于翻子拳的招法,并有数势流传至今,如"当头炮""拗弯肘""顺弯肘""旗鼓势"等。从风格特点上看,翻子拳是讲求脆、快、硬、弹的短打类拳术,其套路短小精悍,严密紧凑,直进硬逼,一气呵成,被列为全国武术表演和比赛项目之一。学习翻子拳,有助于习练者提高对武术经典著作的理解,更好地把握明清以来传统武术技术沿革的特征。同时因翻子拳展示效果好,学生上手较快,易于掌握,适合在学校开展教学活动。

第一节 翻子拳历史溯源

一、翻子拳释义

翻子拳,原名"八闪番",又名"翻拳",是一种短促灵变、近战快打的中国传统拳种。从字义上看,"番"字依《说文解字》释谓:兽足,从采、田,象其掌。《尔雅·释训》释谓:番番、矫矫,勇也;郭璞注曰:皆壮勇之貌。《中华大字典》《新华字典》释谓:遍数,次数。如三番五次,番生不息。从以上资料的记载来解释"番"字,一为勇武之义,二为重复、连续之意,延伸到拳术即是拳法重复连环之意。从拳术的技法、动作及运动上是番生、勇猛的表现。番子拳是为勇武之拳术,其拳法密聚连环,技法变化番生不息。因此,有学者认为,"番"改写为"翻"是不慎之举。

翻子拳较早的史料记载见于明代著名军事家戚继光的《纪效新书·拳经捷要篇》,书曰:"古今拳学,宋太祖有三十二势长拳,又有……八闪番……此亦善之善者也。"戚继光提到的"八闪番"中的"八"是指翻子拳包含的"前、后、左、右、上、下、中、双"的八种闪翻的技法,即八个招式;而"闪"则是指翻子拳在运用时的身法、步法;"番"是指疾速多变、拳中套拳一系列连贯的手法。八闪翻和繁衍出的各翻子流派,均采用"上而翻下,下而翻上,首尾相顾,前后兼施"的翻转技法。翻子拳称"八闪翻"的拳名,就是它有八个"闪""翻"的技法特点而定名的。而戚继光的拳经三十二势中之"当头炮""拗鸾肘""顺鸾肘""旗鼓势"等招式系撷取翻子拳。此外,徐哲东曾在《国技论略》中写道:"八番,即明代八闪番之旧称而加简文,番子,则后起之名也。"由此可见,"八闪番"在明朝时期已经形成了比较完整的拳法套路。从以上史料来看,番子拳在明代就以名拳著称。

二、翻子拳的起源与流变

翻子拳起于明代中期。到晚清以前,翻子拳主要流传于我国北方,盛传于河北省的饶阳、蠡县、高阳、雄县等地。咸丰年间享有盛名的翻子拳名家有赵洛灿、李恭、董宪周、段老绪、王老祥、王占鳌等,此后,翻子拳逐步流传各地,形成了多种技术风格。

近代翻子拳出于河北韩禄马,韩传段氏,东北许兆熊得段氏翻子拳和戳脚,后传沈阳郝鸣九、胡奉三("奉天三老"中的两位)等人。河北雄县陈子正受聘上海精武总会执教,晚年他将翻子拳与岳氏鹰手相融,创出了鹰爪翻子拳。得艺于魏赞魁的蠡县的吴斌楼,到北京传艺,传出了翻子拳、戳脚相融的戳脚翻子拳。此外,山东烟台的程东阁亦擅长翻子拳和戳脚,兼习螳螂九手。民国初年,马英图随兄马凤图到东北,就读于奉天警官学校,此间向郝鸣九、胡奉三以及程东阁学习翻子拳、戳脚以及螳螂拳艺,并在奉天中小学教授八极拳和劈挂拳。此后,翻子拳开始在东北传习,并促进了其与戳脚、螳螂等拳种的融合。比如,至今沈阳习翻子拳者兼习劈挂拳。特别是,东北翻子拳在原有翻子拳的基础上融进了劈挂、八极、螳螂、通背等拳种之精华,短小精悍,演练起来一气呵成。

后来,马凤图将翻子拳、戳脚带到西北。当代传播较广的西北、东北两支翻子拳,同属一脉,但在劲力、风貌与套路结构上略有不同。西北所传,已由通备劲染化,注重以腰发力,浑厚一气;东北所传,注重脆快一气,硬起硬落。这两支翻子拳各具特色,均有广泛的传播。

第二节 翻子拳的内容、风格特点及习练要领

一、翻子拳的内容

翻子门(包括拳、长短器械)共有上百个传统套路。1984年进行传统武术挖掘

整理工作时,整理出翻子门五十多个套路,刊登在北京市传统武术拳械录上。其中,拳术套路包括站桩翻、脆八翻、六手翻、鹰爪翻、八闪翻、地功翻、醉八仙拳(文武各一趟)。传统器械有五虎断门枪、五虎点刚十二枪、绝命十三枪、正把罗丝枪、左把罗丝枪、四门枪、奇枪、卡枪(五龙卡)、锦枪(双头蛇)、大昆仑刀、小昆仑刀、金背镖刀、金背连环刀、双刀(带镖)、双手带、连环剑、七星剑、青云剑、武子十三剑、乾坤剑、炎焰剑、双剑、虎头双钩、牛头挡、小双挡、锁手棍、齐眉棍、九节鞭、刀里加鞭、虎尾鞭、走线锤、双流星锤、龙头杆棒、鸳鸯销、拦面叟(大烟袋)、峨嵋、判官笔、地躺刀、地躺鞭。此外,翻子门的传统器械还包括对练套路,有空手夺刀、双刀进枪、双匕首进枪、三节棍进枪、双梢子进枪、地八卡(地躺对打)等。

翻子拳最基本的套路是站桩翻,套路一般短小精悍,发力迅猛,双拳密集如雨,架势俯仰闪动,动作一气呵成,所以拳谚称"翻子一挂鞭"。翻子拳的劲道,强调脆、快、硬、弹。近几年来,翻子拳与戳脚、劈挂相配为伍,因此也追求吞吐发力,辘轳反扯和搅靠劈重的劲道。翻子拳特有的器械有八步连环进手刀、绵战刀等。新中国成立后,翻子拳被列为全国武术表演和比赛项目。

二、翻子拳的风格特点

古谱云:"拳行穿梭,上下翩翻,走而不顶,左右飞翻,颠翻倒转,里外盘旋,生生不息,变化万千,或出人不意,翻手即得,其人仰马翻,易如反掌;或法密如笼,应接不暇,翻江倒海,大捷成也。"也就是说:翻生不息,变化万千,忽左忽右,指上打下,上下翻飞,翻手可得,易如翻掌——这就是翻子拳。

翻子拳属于短打型的拳术,在演练中要求动作取势迅捷,刚劲有力,连三拼四,翻生不息。其发力脆弹硬快,密集如雨,俯仰闪转,阴阳顿挫,一气呵成。其要诀可概括为:闪、翻、冲、靠、脆、快,势长节短,手固步坚,翻生不息。翻子拳在劲力上追求势长节短,猛起硬落,拳法密集遒劲,短促而多变化。短打取势低,动作幅度小,力量充沛,刚多于柔。在演练中体现出脆——脆而不断,快——快而不毛,冷——冷而出其不意,弹——弹而求徒,硬——硬而不僵。脆、快、冷、弹、硬便是翻子拳的劲力特点,它们相辅相成,一气呵成。

翻子拳多以腰部发力,浑厚一气,因而身法要求闪摆取势,上下翻转。以力发势,以势助力,身到劲到。其身法主要表现为吞吐、伸缩、起伏、虚实、往返。起则长身立势,伏则缩身下势,转则顺势畅接,吞则吸身引势,吐则进身发势,闪则倾身借势,腾挪则闪身腾势。

翻子拳的动作变化莫测,出其不意攻其不备。如健宗翻第二式活步单劈手,它蕴含了虚实、吞吐、起伏、披挂等身法。虚实变化体现在:后撤退是虚晃,上步跳起劈打是实。吞吐变化体现在：单劈手劈下时要求双臂合抱，含胸拔背是吞，单劈手打完后手崩开是吐。起伏变化体现在：这一变化体现最为明显，后撤步滚勒身体团缩为伏，上步垫步跳起下劈为起。劈挂变化体现在：单劈手向下为劈，向上为挂。

此外，翻子拳的每一个动作都是可以单式操作的，翻子拳的这一特点使得它能够真正实现打练结合，在众多拳术中脱颖而出。单式演练以悠忽纵横的姿态，时左时右，时进时退，诈进诈出，引斗激战，以利再战，充分体现了"双拳密如雨，脆快一挂鞭"的特点。

三、翻子拳的习练要领

习练翻子拳，首先要在站桩上下工夫。桩法的练习十分重要，没有桩法就没有规矩，没有规矩就不知道你究竟练的是什么。武术家于伯谦老先生曾总结拳谚说："不弓不马半马步，十指抓地不摇晃。两腿相距要相当，前脚微扣后脚顺，两膝顺站要扣裆。两臂平齐分前后，两拳紧抱对前方。最忌塌腰脊不直，臀部上翻法不良。上身松动无拙力，全身重量步中央。"

其次，打三拳是翻子拳每天练习的必修课。俗话说："打三拳好似给膀背上油，越打越顺溜。"只有练得劲力顺达，才能打出翻子劲来。以右架为例，通常站腋来势打三拳，上一步打三拳，也有弓步打三拳的，大多数是打平拳，但翻子拳的不同之处是打立拳。习练者在打三拳时一定要注意后手的放置，拳从脊发，力发涌泉。也就是说，拳不离带，要打出通透力来，要有节节催、节节追的感觉，越打越顺溜，劲儿不知不觉就出来了。

再次，"劈崩挑拳"也是翻子拳的基本功的一种，其既是打法也是练法。打法是：设对方右拳打来，我左手迅速握拳上崩，右手附于左臂将其右拳崩出；对方左拳又打来，我迅速劈下砸其左拳，再紧跟半步，迅速出左拳将其打倒。左右同法。练法是：以腋来势为基础，如上右步同时右拳上崩，小臂上挑，左手附于右臂上，同时右拳再猛劈下来，左手附于右臂下，同时再打出右拳，一式三招要快、要猛、要狠。这也是拍打之法，练手臂硬度，使其在与人交手中不怕磕碰，同时这也是找劲的一种方法。

最后，翻子拳同样十分重视步法的运用。"旱地行舟是步法，一步三拳是根源"。翻子拳在进退时多用滑步，讲究前窜八尺，后撤一丈。拳谚说"不动则已，动如雷霆"，讲的就是速度和步法的结合。只有步法运用得当和娴熟，才能在实战交手中获得攻击的速度和时机。

第三节　翻子拳基本技法

一、翻子拳的手形

1. 劈挂拳的主要手形

（1）凤眼拳。

练法：手握拳，突出中指，大拇指扣压在食指上（见图7.3.1）。

图 7.3.1

要领：四指紧紧，拇指压紧，腕部平直。

用途：挑、劈、戳等。

（2）卷饼拳。

练法：手掌握拳如卷饼，从食指开始，四指指腹依次内卷成拳，拇指弯曲紧扣在食指和中指之间（见图7.3.2）。

图 7.3.2

要领：握拳要紧，可立拳、俯拳、仰拳。

用途：直勾、鞭砸、挑、反背等法。

（3）根拳。

练法：四指屈指弯屈内扣，四根指根挺直，大拇指弯曲屈贴在虎口一侧（见图7.3.3）。

要领：四指屈指时，由四指前两指内扣，大拇指弯屈时要贴紧，腕部要伸直。

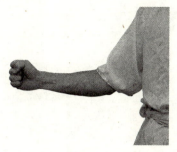

图 7.3.3

用途:多用于直、鞭、摧、距等手法。
(4) 穿梭掌。
练法:四指并拢伸直。大拇指微屈指贴虎口内侧(见图 7.3.4)。

图 7.3.4

要领:四指要直,腕部紧张。
用途:穿、插、劈、挑等法。
(5) 分指掌。
练法:五指微分开张展,指根向掌心的一面伸张(见图 7.3.5)。

图 7.3.5

要领:五指微张,腕部松扬。
用途:推、截、堵、拍等法。
(6) 虎爪。
练法:五指分拢,掌心挺直,指端弯屈,指向前方,腕部扬展(见图 7.3.6)。

图 7.3.6

要领:五指分拢,指部紧张,腕部用力。

用途:抓、撅、扭、锁、缠等法。

二、翻子拳的步形

翻子拳的基本步形除了常见的马步、虚步、歇步、插步外,麒麟步、双弓步和跟步是其特色步法。

1. 麒麟步

练法:两腿分立,身体重心下沉,前腿弯,后脚跟提起前脚掌着地,后膝盖对前膝弯。目视前方,双臂自然垂立,常接跟步(见图 7.3.7)。

图 7.3.7

要领:跟双弓步的区别在于两腿用力方向,麒麟步两膝前后用力。

2. 双弓步

练法:两脚前后分开,平行站立,前脚尖略内扣,后脚掌着地,脚跟提起,两腿间相隔一步距离,双腿微弯并形成内扣合力。目视前方,双臂自然下垂。常与跟步衔接(见图 7.3.8)。

要领:身直背挺,两腿内扣。

图 7.3.8

三、翻子拳的步法

翻子拳的基本步法有跪步、闪步、旋步、窜步、进步、转步、跟步等。

1. 跪步

练法：前腿屈膝下蹲，大腿近水平，脚踏实地，前脚尖微内扣。后腿屈膝跪接近地面，后腿膝盖对准前腿膝弯，脚跟提起（见图 7.3.9）。左腿在前为左跪步，右腿在前为右跪步。

图 7.3.9

要领：挺胸塌腰。

2. 闪步

练法：向左侧跨步，闪身，后脚侧移跟步，同时左手往右自胸前横拍击（见图 7.3.10）。右手与左边动作相同，方向相反（见图 7.3.11）。

图 7.3.10　　　　　　　　　图 7.3.11

要领:闪步要快,身法灵活,眼随手走。

3. 旋步

练法:以右反臂锤为架势成右弓步,然后两脚同时蹬地(见图 7.3.12)。身体向左后方旋转 270°,成反臂锤右弓步(见图 7.3.13)。

图 7.3.12　　　　　　　　　图 7.3.13

要领:旋步时,要快速敏捷,腰要活,以身带步,目视正前方。

4. 窜步

练法:右腿抬起向前方跨上一大步,左脚随即跟进半步,成右弓步,同时右手抬起为虎爪向正前方抓出。

要领:窜步要快,跟步要急,抓拍时要与上窜步时动作一致,目视前方。

5. 进步

练法:右腿向前上一步,成右弓步,同时左拳由腰间向前直臂冲出,拳眼朝上,右拳收至腰间,拳心朝上,目视前方。

要领:上步动作要轻而快,与冲第一拳同时完成。冲拳时要快速有力,此动作可以进行进步左右重复练习。

6. 转步

练法：以左脚掌为轴，身体向左后方转动，然后右腿以弧线平行向后上步，同时左臂下压，右臂抡拳，由下向上再向下正面劈出，目视劈拳。

要领：转身重心要稳，上步要快，抡臂劈砸要与上步同时完成。

7. 跟步

练法：在前述几种腿法的基础上，左脚（或者右脚）跨出一步，同时后脚跟迈一步。

要领：灵活快捷，保持原有身形不变。

四、翻子拳的手法

翻子拳的基本手法有：劈掌、穿掌、捋手、拍掌、摆拳、鞭拳、翻拳、直拳。

1. 劈掌

练法：右手为穿梭掌，由上向下劈砍，手掌外侧为力点，练习时可上步做左右手劈掌。

要领：劈掌时臂要伸直，肩要放松，以肩关节为轴，劈成立圆状，劈掌下落时肩要下沉。

2. 穿掌

练法：右手为穿梭掌，由屈肘至伸臂向前穿出，力达掌指尖。

要领：穿掌伸臂时要快、要直。

3. 捋手

练法：右臂由屈肘开始，向前由上至下，同时右手为爪，伸抓回收，微屈手臂为捋手。

要领：在做捋手时双手要伸为爪，然后紧握，往体内捋带，动作要快，力达手指。

4. 拍掌

练法：左手为分指掌，由屈肘向前上方伸臂做下拍抓动作为拍掌。

要领：掌心朝前，拍掌时肩部腕部要放松，拍掌下落时肩要下沉。

5. 摆拳

练法：右臂屈肘握拳，向体外右侧抬起，由体右侧平行经胸部横向摆击为摆拳。

要领：做摆拳时，右肘不能抬得过高，左臂要求屈肘护在左胸和左肋部，发力要突然有力，以腰为轴随拳出的方向做出腰胯之力。

6. 鞭拳

练法：右臂伸直，握立拳转身横向以鞭打之力，向身体右后方打击。

要领：握立拳力达拳面，以腰为轴借扭转之力，手臂摆动时以鞭打之状击出。

7. 翻拳

练法：右臂小臂内旋，握拳由下向上，向前划立圆翻出，力达拳背，同时左掌向下按压再收至右肘下，掌心朝下，目视前方。

要领：右手做翻拳时发力要突然，右掌下按时要与翻拳动作同时配合。

8. 直拳

练法：右臂握拳向正前方直线打击出去，打俯拳时（拳心朝下）肘应有缠丝劲，力达掌锋；打立拳时（拳眼朝上），要直出直入。

要领：直拳打出时，要拧腰顺肩，快速有力，力达拳面。

五、翻子拳的腿法

翻子拳的基本腿法有穿丁腿、托点腿、侧点腿、正蹬腿、铲腿、拦腿等。

1. 穿丁腿

练法：垫步向前，左腿微屈膝下蹲，右腿脚掌勾起，经左腿内侧擦地向前踢出。同时，右手变穿梭掌直臂向前穿出。

要领：垫步向前时要快，力点在于脚掌，手脚必须协调一致，同时完成丁踢动作。

2. 托点腿

练法：右腿膝部稍微屈，左腿抬起伸膝，用脚掌绷直向前点戳，同时左臂和右臂以仰掌由下向上前后托起。

要领：右腿屈膝不要过大，右腿点戳时要快速有力，托手时要有送抬意识。

3. 侧点腿

练法：左腿直立为支撑腿，重心完全在左腿上，然后右腿屈膝提膝，脚掌绷直向右侧前方点击出去，力点在脚尖。

要领：出腿要充分展髋、伸直，支撑腿要重心稳固。

4. 正蹬腿

练法：以正面向前方，右腿支撑身体重心，膝部微屈，随即左腿屈膝抬起，脚尖勾起向前蹬出。同时，左拳直臂向前方击出，拳眼朝上，右拳屈肘放至胸右前方。

要领：蹬腿时动作要快速有力，上体正直，蹬腿与击拳动作同时完成。

5. 铲腿

练法：以右腿为支撑重心腿，左侧身向前方，左腿屈膝上抬。然后快速以左脚外侧为力点，向前下方铲出。同时两拳屈肘前后放在胸前。

要领：右腿支撑重心时身体要稳，左脚铲出时要快，收腿时要急。

6. 拦腿

练法:以左腿微屈膝为支撑腿,右腿屈膝上抬,脚掌外展。然后向前下方拦踹出去,两拳屈肘放在胸前。

要领:左腿支撑重心时要稳,右腿拦截时要快速有力,力点达于脚心内侧。

第四节 翻子拳基本套路的教与学——翻子拳精要十六式

传统武术的各个拳派一般都有特定的"出门架子",而"旗鼓势"便是翻子拳独具特色的出门架子,已成为翻子拳的标志性动作。为了保留翻子拳的传统套路的风格特点,本书所编创的翻子拳精要十六式是在健宗翻的基础上精简而成的。

第一式 起势——旗鼓式

动作一:抱拳礼并步站立,体正身直,目视前方。上一步,并步行抱拳礼(见图7.4.1)。

动作二:身体微微向左拧转,由慢到快,身体震动发劲,同时双掌由下往上、由慢到快提掌至腰间,身体重心略向前倾,摆头看左侧(见图7.4.2)。

动作三:右脚盖步,双掌自胸前交叉,自头顶分劈向两侧(见图7.4.3)。

图 7.4.1　　　　图 7.4.2　　　　图 7.4.3

动作四:右脚抽步提膝,双手继续向下画圆从双肋向左上方穿出,身体向左前方极力探出,眼随手走(见图7.4.4)。

图 7.4.4　　　　　　　　　　图 7.4.5

动作五:左脚向左前方跨步落地成旗鼓势,同时双掌自右后方画圆从胸前向左前方探出,双拳为卷饼拳,塌腰拱背,双臂似直非直、似曲非曲,右拳靠于左肘处(见图 7.4.5)。

要领:身法灵活,拳掌变换要快。旗鼓势注意两腿间距,塌腰拱背,身体充分前探,脚下稳固,眼随手走,眼疾手快。

第二式　右单劈手

动作一:承前式,撤右脚,左脚跟步成右跪步,右手自下往上画圆至脖颈处,左手自上而下运行至左膝弯处,双臂同时内旋(滚勒),双掌变为凤眼勾(见图 7.4.6)。

动作二:左脚向右前方跨出一小步垫步跳起,左手从体前一圈从上往下劈(见图 7.4.7)。

动作三:落地成马步,右手借助惯性继续下劈,左手上挂。右手从下往上撩裆,同时后手后崩,马步撩阴,身体微向前探,目视前方(见图 7.4.8)。

图 7.4.6　　　　　　　图 7.4.7　　　　　　　图 7.4.8

要领：撤步、跟步要灵活；跳起时尽量高远；摆头眼神要配合手动作，即往哪打往哪看；左脚先落地，右脚落地身体重心配合前手突然发劲崩出，发身体整劲。

第三式　右突吐拳（抹打挑打）

动作一：抹打。

抹：承前式，左手贴着右臂上侧前抹，同时身体拧转带动右臂猛缩，握拳于腰间，身体由马步变为直立（见图7.4.9）。

打：立拳从腰间打出，左掌贴于右手臂底侧，身体变为马步（见图7.4.10）。

图 7.4.9

图 7.4.10

动作二：挑打。

挑：左掌自腋下向上削出，同时身体带动右拳猛缩回腰间，身体再次猛起（见图7.4.11）。

打：身体猛沉为马步，同时立拳打出，左掌贴臂回护至右脖颈处（见图7.4.12）。

图 7.4.11

图 7.4.12

要领:腰身发力,力达拳面;起伏迅猛,重心稳固;注意两次打时掌护位置。

第四式　左单劈手

动作:与左单劈手动作相同,方向相反。

第五式　左突吐拳

动作:与右突吐拳动作相同,方向相反。

第六式　颠跺剽子腿

动作一:从左马步撩阴开始,撤步滚勒,上左步同时尽力叉右步,同时单劈手,摆头向左看(见图7.4.13)。震右脚,左脚擦地勾踢,双手直臂斜上斜下打开,掌心朝外,目视前方(见图7.4.14)。

图7.4.13　　　　　　　　　图7.4.14

要领:叉步单劈手,身体尽力团缩,震脚勾踢脆快,支撑腿略弯,手臂舒展。

第七式　捧托点子

动作:从颠跺剽子腿开始,重心移交左腿,提膝穿心点子腿,同时双手从上至下画圆自两肋捧托穿出(见图7.4.15)。

要领:先提膝再穿腿,双掌和脚尖同时抵达击打目标,力达掌尖,手眼配合,支撑稳固。

图 7.4.15

第八式 翻身探海

动作一:翻身。承前势,点子腿打完回身落步,身体旋转 360°。

动作二:探海。翻身落步时拧腰、双脚震地,同时右拳贴右耳向前方打出,身体尽力向前探,双腿微屈,收腰含胸,左手护在右颈处,埋头缩颈,目视前方(见图 7.4.16)。

图 7.4.16

要领:与点子腿衔接要快,脚下蹬碾,同时拧腰翻身。

第九式 双撞

动作:从探海开始,向前迈左步,右腿叉步,双拳自右后方画圈,同时双拳撞出,拧腰拱背,目视前方(见图 7.4.17)。

图 7.4.17

要领:双撞时,脚下蹬碾,腰身发力,力达拳面。

第十式　千斤坠

动作一:从双撞开始,右脚先撤一小步成双脚前后站立,身体猛往后沉坠,脚下顿挫,双手自上往下随着身体猛拽,眼随手走(见图 7.4.18)。

图 7.4.18

要领:沉坠、顿挫劲道是难点,身体发整劲。

第十一式　卸身丁场

动作一:卸身。承前势,左腿后撤一大步,卸身,左手贴着左腿由下往前方运行,右手与左手交叉往后,头随左手走(见图 7.4.19)。

动作二:丁场。上右步,左脚贴地丁踢出,同时左手成掌往前戳出与左脚方向一致,右手往后猛崩,目视前方(见图7.4.20)。右丁场再做一次,动作与左丁场相同,方向相反。

图 7.4.19　　　　　　　　图 7.4.20

要领:卸身时,头随手走,自上而下连贯灵活;丁场动作需手脚配合,脚擦地丁踢但脚不离地,双手前后同时发力配合。

第十二式　云手大撩腿

动作一:云手。承前势,上右步,左腿叉步,同时手上做云磨手,目视左前方(见图7.4.21)。

动作二:大撩腿。向左下方打一次单劈手,双手搂抱,同时拧腰翻身,右腿向上撩起,转头望挑钩方向看,即摔跤中的背挑钩(见图7.4.22)。

图 7.4.21　　　　　　　　图 7.4.22

要领:上步叉步与云磨手密切配合;大撩时头低脚高,做到拧腰发劲。

· 147 ·

第十三式　双捆手

动作一:从大撩开始,右脚盖步上步,左腿叉步,向左下方单劈手,头往左后看;右脚抽步向后方跨一大步,同时后脚跟步,右手上抬后崩架挡,同时左掌穿插而出,目视前方,力达掌尖(见图7.4.23)。

动作二:左腿上步,两腿并步,同时右拳猛地下砸,左手贴着右臂回护到右脖颈,目视前方(见图7.4.24)。

图 7.4.23　　　　　　图 7.4.24

要领:叉步单劈手接跟步翻身拧腰,前插掌身体带动手掌发力;并步下砸借用身体惯性及腿由屈到直的整劲。

第十四式　套打

动作一:从并步下砸开始,迈右腿成双右弓步,右手握拳上架挡,同时左拳平拳冲出,目视击打目标(见图7.4.25)。

图 7.4.25

动作二：脚下蹬碾成左双弓步，双手同时由上而下贴身划立圆，拧身拧臂右拳向右打出，左手右脖颈处护挡（见图7.4.26）。

动作三：脚下再次蹬碾变成右双弓步，身体重心前移，同时右手勾挂回挡，左拳冲拳击打（见图7.4.27）。

图7.4.26

图7.4.27

要领：脚下蹬碾双弓步变换要配合腰身拧转，双手拧转套打要与手脚腰身配合。

第十五式　卸身豁崩

动作一：卸身。从套打右拳开始；卸身同前（见图7.4.28）。

动作二：豁崩。上右步，右手握拳从下往上豁打，左手为掌先架挡后由上往下与右拳形成合力，左腿跟步，双腿并步，身体沉坠，目视左前方（见图7.4.29）。

图7.4.28

图7.4.29

要领:并步同时身体沉坠,右拳由下往上猛豁。

第十六式 旗鼓式收

动作一:接上豁,右脚盖步,左脚抽步提膝,同时双手向两侧画圆自腋下向左前方穿出,目视左前方(见图 7.4.30)。

动作二:左落地成双弓步,双掌变拳顺时针贴身画圆自腰部打出,成旗鼓式(见图 7.4.31)。

图 7.4.30　　　　　　图 7.4.31

动作三:脚下蹬碾向右转身成跪步,双掌自胸前向两侧打开(见图 7.4.32)。

动作四:收左脚成丁步,同时身体向左转 90°,收回双掌下按,成预备式,抱拳礼结束(见图 7.4.33)。

图 7.4.32　　　　　　图 7.4.33

第八章 武之尊者——中国短兵

击剑是最具人文精神的古代体育文化遗存,是勇敢、尊严和高尚品节的象征,是民族传统体育的精粹。因此,东西方都曾致力于将古代击剑演进成为现代体育项目的工作。短兵是中国武术兵刃中,以剑、刀为代表的短兵器的总称。短兵是两兵相交、相较、相抗、击刺、相搏的对抗格斗武术形式,而非剑、刀术套路演练和套路竞技的形式。自近代热兵器逐渐取代了冷兵器在兵事和武备上的作用以来,武术中的各类兵刃,其对抗、格斗、斩击的技击作用,在逐渐地衰微和削弱,于是其技法上的演练,有向武艺美化、表演化形态发展的趋势。短兵的训练能在保护措施相对良好的前提下,使习武者验证和巩固所学技法、招式,从而为武术实战技能的学习提供一个验证的手段和渠道。因此,本书将短兵纳入武术教学内容,以作为套路教学的补充。

第一节 短兵历史溯源

一、中国短兵运动的缘起

中国短兵,缘于民国十七年(1928)第一次"国考",当时名称为"中国式击剑"。后来,因为它囊括了刀法、剑法的精华,技术上与西洋击剑明显不同,其名称遂更改为"中国短兵"。1930年中央国术馆正式颁布了《国术考试规则》,规则内容包括套路演练、短兵、长兵、散手、摔跤五个项目,自此以后伴随着"国术考试"在全国各地的开展,"中国短兵"比赛也随之推广开来。到40年代,"中国短兵"已是人们熟悉的武术竞技项目。

二、我国古代短兵运动的发展

短兵虽然是近代才兴起的一项武术竞技运动,但其产生则可以追溯到中国古代的击剑运动,其历史悠久,源远流长。春秋战国时期击剑活动非常盛行。据史料记载,越女大概是历史上最早的一位民间剑客了,她不仅酷爱击剑,技艺超群,而且对于击剑还有独到的见解。她向越王勾践侃侃而谈剑道,指出:"凡手战之道,内实精神,外示安仪。见之似好妇,夺之似惧虎。布形候气,与神俱往。"这一经典论述成为千百年来击剑的深奥之义。而越女的事迹表明,中国远古民间社会已有击剑习武的风俗。《庄子·说剑》记载:"昔赵文王喜剑。剑士夹门而客,三千余人日夜相击于前,死伤者岁百余人,好之不厌。""吴王好剑客,百姓多创瘢。"可见,当时不仅统治阶层重视斗剑活动,而且有大量依附于贵族、官僚为生的剑士。击剑之术不仅是士卒战斗的技能,也是民间武艺的重要内容,而且"论剑"也成为一种社会风气。

汉代,剑的军事地位有所下降,但民间击剑习武之风盛行。1972年河南南阳出土的一块汉代画像石上刻有两人持剑相击的场面,左侧武士持剑欲进攻,而右侧武士击落了对方的头盔,显示了击剑的激烈紧张的气氛。三国之时,击剑之风依旧盛行,并成为人们重要的习武手段。宋元时期,刀成为军中的主要短兵器。宋军在刀术训练上以"格、斗、击、刺"为主。平时训练以木杆代刀,作战才用真刀。训练时,站成行列,击锣者指挥,两两出阵搏斗。元朝时,短兵器种类繁多,也派生出丰富的近战武术内容。战场上两军对垒,最后胜负仍以刀剑短兵决一雌雄。

明朝以后,民间武术在社会上得到普遍发展,特别是伴随着拳谱歌诀等内容不断出现,套式武术得到发展,而这种趋势也不断渗透到军旅武术训练中,从而使得短兵技法沾染了一些不切实用的花法。明朝中后期,倭寇猖獗,倭刀的优势令明军的兵器难以与之匹敌。明朝名将戚继光曾大声疾呼"不要花套,要讲实用"。而倭刀的传入,也促进了中国武术短兵器的发展,无论是军队还是民间的刀术,都在不同程度上受到了倭寇刀术的影响。清朝后期,冷兵器逐渐退出历史舞台。当前民间武术发展异常活跃,呈现出三大趋势,即技术上注重于演练而轻实用,表现在套式化趋势;风格上注重于千姿百态华而求实,表现在门派林立的趋势;理论上呈现虚文神化的趋势。受其影响,短兵器的实用性也被套式武术所取代。

三、短兵运动在当代的发展

民国初期,西方体育对传统武术产生了巨大的冲击。这期间一些武术界有识之士大胆地提出"武术的科学化"的口号,并首次对中国传统武术进行了大胆改革尝试。正是在此背景下,一种新型的武术竞技运动——短兵运动诞生了。据史料记载:"武术短兵运动的创制是受启发于日本剑道。那时国术馆一期教授班的学员已经用日本竹剑或自制的短兵器进行竞赛活动。规则就在这些摸索中逐步形成。"

1928年第一次国术考试,短兵被列为正式比赛项目。1931年,在中央国术馆颁布的《国术比赛规则》中专门列出了《击剑比赛细则》，这是历史上第一个正式的短兵比赛规则，对短兵运动的开展无疑起到了推动作用。

1933年10月10日—20日，第二次"全国运动大会"在南京举行，短兵被列为正式比赛项目。此后，短兵运动在全国传播开来，许多省市分别举办了短兵比赛。然而，由于战争不断、民不聊生的国难环境，短兵运动的开展也一度处于停滞状态。

新中国成立以后，短兵运动经历了曲折的发展。1953年11月上旬，"全国民族形式体育表演和竞赛大会"在天津举行，规模宏大。短兵运动是正式比赛项目之一，这是短兵运动的第二次复出。此后，由于中国的拳击比赛出现了伤亡事件，易受伤的对抗项目不被提倡，中国短兵项目的研究也随之被中止。"文革"中，被视为"唯技击论"的中国武术技击功能的研究受到批判，受其影响，短兵运动的发展雪上加霜。1979年以后，国内兴起"武术热"，为全面继承和发扬优秀的中华传统武术文化，当时国家体委决定按照竞技体育的模式，对短兵运动进行研究挖掘。北京体育学院和武汉体育学院两家单位进行了试验性试点训练，并于1979年5月在广西南宁市举行的全国武术观摩交流大会上作了首次短兵运动汇报表演。1980年10月，国家体委（现国家体育总局）调集短兵试点单位的有关人员开始拟定《武术短兵竞赛规则》（征求意见稿），并在太原市举办的全国武术观摩交流大会上进行了内部交流，并对《规则》进行了试验性修改。1981年沈阳市全国武术观摩交流大会上，两家单位进行了短兵对抗公开赛。目前我国的短兵运动正在快速发展，全国各地每年都会有比赛举办，一些体育院校、民间社团和俱乐部都开展了短兵训练。

尽管短兵运动的发展充满坎坷，但是其悠远的历史文化传承、丰富多样的格斗技能深受广大武术爱好者的喜爱。源于中国传统武术中短兵器搏斗的短兵运动无疑是优秀的中华传统武术项目，它具有鲜明的民族传统体育特色和风格，随着国家越来越重视优秀传统文化，短兵运动的复兴时代必将到来。

第二节 短兵运动特点

一、短兵运动的特点

1. 鲜明的技击性

短兵的形制类似刀和剑，弹性的杆上用皮、棉包制，手柄位置有皮质的护格。短兵的形制也决定了它的技术兼有刀、剑技术的特点。刀剑文化在中国武术文化史上具有崇高的社会价值和精神魄力,其丰硕的理论成果和实战经验也注定了高超的技术水平,这为短兵运动奠定了坚实的理论与实践基础。

现代短兵运动不仅以中国武术中刀、剑等短兵器的实战技术为主体,根据其器械特有的材质和形制形成了独具特色的实战技术,而且吸收了日本剑道和西洋剑术的实战精华,以击、刺、劈、砍、斩、崩等为主要格斗技法,在一定的规则下进行一对一的搏击对抗,彰显了短兵运动鲜明的技击特点。

2. 浓郁的民族文化风格

短兵运动伴随着中国传统武术的产生与发展,深受中国传统文化的滋养与影响。修习短兵要崇德尚武,"未曾学艺先学礼,未曾习武先习德"是所有习武之人都应遵循的准则,这里的德即武德。短兵运动旨在成为一项文明的体育运动,文明格斗,弘扬尚武精神,而并非宣扬暴力。

安全短兵器械的使用,一方面杜绝了刀剑实战切磋的危险性,避免了重大伤害事故的发生;另一方面在技术和技巧上充分体现出刀剑的风格特点;同时,在运动技法上还能巧妙地运用中国传统文化中的阴阳说、刚柔说以及兵法思想、整体运动观、阴阳变化观、气论等理念,折射出浓郁的民族文化风格。

3. 技术方法的多样性

源于多种短器械的训练与实战技术的短兵运动,其格斗技术必然呈现出多样性特点。在短兵对抗中,规则规定:参赛选手禁止击打对方颈、裆等部位,击打其他身体部位都能得到相应的分数。短兵运动的这一开放性原则,决定了参赛选手除了勤奋苦练短兵的基本技术动作以外,还要熟练一些动作组合,同时灵活用前进步、后退步、交叉步、跨步等步法,还包含有各种各样的进攻技术、防守技术、防守反击技术等,甚至还要强化临场心理训练,熟谙临阵兵法等。如此,才能真正体悟到短兵技法的精髓。

4. 广泛的适应性

短兵运动具有广泛的适应性,主要体现在两个方面:第一,短兵器械及护具的安全性以及竞技对抗崇尚技巧等特性,决定了其适宜在不同年龄、性别、体质的人群中开展,尤其适合在青少年中开展。练习短兵既能健体强身,又能掌握相应的武术攻防格斗技能,有助于培养中华民族的尚武精神。

第二,短兵的基本技术无外乎斩、点、劈、崩、砍、刺、撩、挑、扫等,不仅简单易学,而且还能现学现用,对抗技击的乐趣能引人入胜。短兵的这一特点必然会吸引大众兴趣,然而要取得优异的成绩,又离不开刻苦训练。短兵运动门槛低、提高快、受众广、竞技性等特性决定了短兵运动项目的广泛适应性。

第三节 短兵基本技法

一、基本握法

1. 锁握法

右手自然握住手柄,虎口贴于护手盘,拇指扣压食指上。注意不可太用力,不可满把死握,以免导致在进行攻击时把法僵硬,影响攻击速度和动作连贯性(见图8.3.1)。

图 8.3.1

2. 开握法

右手自然握住短兵柄,拇指伸直顶至护手盘(见图 8.3.2)。跟锁握法总的区别在于拇指没有扣死。注意,无论是锁握法还是开握法,都应注意在实战中要灵活应用(见图 8.3.2)。

图 8.3.2

二、实战姿势

短兵的实战姿势分为"正架"和"反架"两种,右手在前为正架,左手在前为反架。练习者根据自己的习惯和爱好选择适合自己的实战架势作为最初学习短兵的定势,本书均以右手在前的正架为例。

1. 动作过程

(1) 预备势。身体挺立,双脚并拢,左手提靠近护手盘处将短兵身于腰际,使短兵斜置于身体左侧,右拳放在腰间,目光平视对方,表情肃穆(见图 8.3.3)。

图 8.3.3

(2) 短兵出鞘。如同拔刀、拔剑一样,右手自右向左锁握或开握短兵柄,随即向前、向上提起短兵,如同刀剑出鞘(见图 8.3.4)。

图 8.3.4

(3) 实战姿势。接短兵出鞘,挥短兵至身前,斜呈短兵于身前。同时,左脚向后撤一步成半马步,脚的距离稍大于肩,身体重心落于两脚之间。右脚尖与右臂伸出方向一致,左脚尖朝左前方,两脚的脚尖都稍内扣,后脚跟略微提起。上体正直,收腹含胸。右臂微屈,短兵尖与头同高。左手掌自然伸开向左侧后方,顺着短兵尖凝视对方(见图8.3.5)。

图 8.3.5

2. 动作说明

预备势是所有攻防的基础,进退攻守都是从预备式过渡,故而要充分利用好预备势。习练者应根据自身特点,找出最佳站姿,既能快速反应,进行攻防转换,又能充分得到休息,节省体力,进而最大限度发挥个人战斗力。

3. 动作要领

站姿端庄,优雅从容,敏锐机巧,蓄势而发。

4. 易犯错误及纠正

(1) 重心过于靠前和靠后。重心过于前倾,一击不中,变式迟钝,很容易被对手趁机得分;重心过后,启动迟缓,极容易错失反攻机会。总之需要细心体会身体重心,控制好重心,进退得宜,才能攻防变换,从容不破。可对镜反复练习,克服前俯后仰的毛病。

(2) 手持短兵过高、过低或者倾斜角度过大、过小。斜呈短兵于身前,一方面在于增加安全距离,便于快速反应;另一方面在于防守,预备时短兵所处的位置应处于攻防转换的最佳位置。右手臂既不能太直,太直则不利于快速反击;也不能太屈,太屈则暴露太多不利于防守。总之,短兵要灵活变换,但其基本姿势训练要严格。

三、基本步法

拳谚云:"步不快则拳侵,步不稳则拳乱,手到步不到,打人不为妙,拳到步也到,打人如拔草。"步法是短兵对抗练习的关键。短兵对抗瞬息万变,如何在实战中恰到好处地把握好时间差和距离差,灵活巧妙的步法是关键要素。常用的步法有提步、抢步、进步、退步、跃步、垫步、收步、闪步等。

1. 提步

练法:从预备式开始,后脚不动,前腿迅速屈膝提起,目视前方(见图8.3.6)。

图8.3.6

说明:提步往往与前点、下劈同时使用。当对方扫前腿小腿以下部位时,前腿突然提起,同时短兵下劈击打对方。这一招不仅能有效化解对方的攻击,还能顺势反击,往往出其不意,取得意想不到的效果。

要领:前脚发力,迅猛提膝,高度适宜,迅速反击。

易犯错误及纠正:

过早提膝,暴露意图。可两人配合进行针对性练习。

幅度过大,重心不稳,难以迅速反击。可针对性练习控制距离,并由慢到快慢慢慢体会动作要领。

单腿支撑时间过长,容易被抢攻。提膝反击只在一瞬间完成,提膝瞬间重心并非完全移交支撑腿,而是在提膝躲过之后立即改变战术,进行下一次攻防对接。练习时应针对性练习快提快落,而不是维持独立重心。

2. 抢步

练法:从预备式开始,后脚掌蹬地发力,催动前脚迅速向前跨半步成弓步,身体重心前移(见图8.3.7)。

说明:抢步是运用最多的攻击步法之一,可接劈、刺、提、撩等多种攻击方法。在交锋中,往往出其不意地攻击对手,或以此来试探性攻击对手。

要领:抢步要把握好时机,身体重心跟上前移速度,把握好两人的距离,充分发

图 8.3.7

挥抢步的"突、猛、巧"特点,突出"抢先"意识。

易犯错误及纠正:

抢步时重心不能及时跟上和收回。重心不能跟上,短兵攻击距离和杀伤力大打折扣,从而影响攻击效果;回收时重心跟不上,对方趁机反攻必然会陷入被动。应针对性地练习抢步,进退得宜,攻防兼备,由近到远,并逐步提高难度。

抢步时前手臂伸展不充分,身体拧转不够,前肩推送不充分。抢步时要充分发挥手臂配合身法充分伸展,从而达到短兵伸长击远的效果。两人配合练习时,固定距离,循序渐进,不断提高抢步的难度。

3. 进步

练法:进步也可叫跟步,即前脚向前进半步,后脚随即跟进半步。要求前后两脚依次连续移动,重心起伏不宜过大。使用时可根据具体情况使用劈、刺、格、提、撩、架等多种短兵技法(见图 8.3.8、图 8.3.9)。

图 8.3.8　　　　　　　　　图 8.3.9

说明:进步是短兵对抗实战中最常用的步法,重心相对平稳,故而能有效地与其他技术连接使用,并迅速进行反击。

要领:进步要步法灵活,及时迅速,配合身法轻灵,把控距离。

易犯错误及纠正:

进步过早,暴露意图。练习时两人配合,不断培养对时间差和距离感的把握能力。

进步时重心上下起伏,容易造成重心不稳。练习时仔细体会身体重心的变化,控制身形。

4. 退步

退步与进步方向相反,要领基本相同。退步主要是用于防守,避其锋芒寻找进攻机会或者是用于试探、诱敌,使用时注意把控好重心和时机。

5. 跃步

练法:可分前跃步和后跃步。

前跃步:突然跨跃式往前跳跃前进,即左脚经右腿内侧向前跃出一步,随即右脚经左腿内侧向前跃进同样距离的一步(见图8.3.10)。前跃步能借用身体大势,增强自己的攻击力,同时突然跃进能增加意想不到的攻击效果。

图8.3.10

后跃步:跟前跃步相反,突然后跃跳开,即右脚经左腿内(外)侧向后跃出一步,随即左脚经右腿内侧向后跃出同样距离的一步。后跃步是化解对方攻势,为自己赢得喘息之机的良好方法。也可以以退为进,寻找进攻机会。

说明:跃步主要是用于配合发动攻击或化解对手攻势。其弱点在于运动时间较长、幅度较大,因此,运用时一定要把握时机,不可妄动冒进。

要领:跃出突然,速度迅猛,攻其不备,距离适中。

易犯错误及纠正:

跃步太慢,暴露意图。通过强化练习,增强身体素质,提高快速跃进跃出的能力。

身体重心起伏过大。跃步出现身体重心大幅度变化是肯定的,但是要控制身体重心,配合身法做到快速起落。练习时跃出距离由近到远,逐步增加跃步的难度。

6. 垫步

练法:后脚迅速移一小步,垫一下,同时前脚迅速向前移动同样距离(见图 8.3.11)。

图 8.3.11

说明:垫步是常用的攻击步法之一。其弱点在于运动时间较长,运动幅度较大,故而不宜冒失使用,运用时要审时度势,看准时机进行。要明悟后脚垫步之时是一个过渡,这一步可虚可实,虚实变化全靠临场应变,垫步可立即出前腿攻击,同样也可以立即后撤防守。总之要灵活多变,不可僵化。

要领:垫步距离合适,出步快速,身步一致,节奏紧凑。

易犯错误及纠正:

垫步换脚慢,暴露攻击意图。可进行跳跃改变左右脚朝向的辅助练习,提高垫步的频率。

重心不稳,身体起伏大。强化练习,由近而远,由难到易,逐步提高动作质量。

7. 收步

练法:前脚收回一小步,脚尖着地,后脚不动,身体重心移到后腿(见图 8.3.12)。

图 8.3.12

说明:收步是常用防守手段之一。在实战中收步往往是过渡步法,收步后根据场上情况,或左或右、或前或后变换步法,为由防守转为反击创造有利条件。

要领:收步要突出灵活巧妙的特点,身体重心随步而定。

易犯错误及纠正:

过早收步,变化不及,导致被动挨打。独自反复练习收步,或两人配合,不断提高时间差的把握能力。

收步时重心后移不够或过分后移,导致重心不稳,进而影响下一个步法变化。当受到对手的连续进攻时,很容易陷入被动境地。不断尝试不同的控制距离,找到最适合自己的步法大小。把握好身体重心的分布,身法随着步法变化。

8. 闪步

练法:包括左闪步和右闪步。

左闪步:左脚向左横跨一步,右脚跟着向左侧移动一步(见图8.3.13)。

右闪步:右脚向右横跨一步,左脚跟着向右侧移动一步(见图8.3.14)。

图 8.3.13　　　　　　　图 8.3.14

说明:闪步常跟化解对手正面攻击的防守招式并用,左右闪躲除了防守以外,运用得当可使对手疏于防范,往往能收到出其不意的效果。

要领:闪步迅速,距离适中,身步一致。

易犯错误及纠正:

过早闪步,容易暴露躲闪意图。针对性练习,可双人配合,不断培养对时间差的把握能力。

闪步时步子过大,导致重心不稳。练习时注意把控步子大小,细心体会身体重心的分布,反复练习,待熟练后再逐步与各种进攻动作连接使用。

四、基本进攻技术

短兵进攻技术是指运动员手持短兵器械击中对方身体部位的合理有效的进攻

动作方法。

根据短兵的不同击打部位,它分两大类:一类是以短兵尖端击打对方的方法,我们称之为点击法,如刺、点等攻击方法;另一类是以短兵的某一段击打对方的方法,我们称之为面击法,如劈、撩、扫、崩等方法。具体介绍如下。

1. 刺法

练法:从预备式开始,上步成弓步,同时右臂突然伸直,使短兵迅速刺向目标,力达短兵尖。平腰刺出称为平刺;向斜上刺出为上刺;向斜下方刺出为下刺;小臂外旋刺出为反刺;小臂内旋刺出为插刺。短兵刺出时均要凝视目标(见图 8.3.15)。

图 8.3.15

说明:刺是短兵的最直接有效、最难防守的攻击性技法之一。其动作简洁,直来直去,攻防转换较快。具有启动突然、打击迅速、容易组合等多个优点,往往令对手防不胜防,因而其在短兵格斗中实用性较强。

要领:发力迅猛,兵走直线,打完急退,转攻为守不给对方造成可乘之机。

易犯错误及纠正:

刺前明显先回收短兵,令对方看破意图,提前有了防备。刺击时略微后收一点,动作幅度不可过大。练习时慢慢体会发力顺序和动作路线,有条件则对镜练习,逐步规范动作。

刺击时兵尖晃动,可能到时偏离击打点。这是由于发力时力向不稳导致的,练习时先找对发力顺序,然后设立一个目标,由慢到快地进行准确性训练,同时要加强上肢力量练习。

2. 点

练法:利用手腕猛力向下压或者向上翘,并借助短兵自身重力,使短兵尖由上向下弧线点击对方手腕、手肘等部位,力达短兵尖。常配合相应步法使用,如提膝点腕(见图 8.3.16)。

图 8.3.16

说明：点源自于箭剑法中的点剑法，剑走轻灵，短兵也一样。点法动作幅度小，具有较强的隐蔽性，当对手攻击时出其不意地点击对手身体前部，反守为攻。

要领：轻巧灵活，力达兵尖，出点精准，闪躲及时。

易犯错误及纠正：

同刺法一样，使用点法时兵尖晃动，可能偏离击打点。这是由于发力时力向不稳导致的，练习时先找对发力顺序，然后设立一个目标，由慢到快地进行准确性训练，同时要加强上肢力量练习。

3. 劈

练法：短兵由上向下击打谓之劈。劈是主要进攻招法之一，根据下劈路线，垂直面下劈谓之"立劈"（见图 8.3.17），左右斜方向劈谓之"斜劈"（见图 8.3.18），将短兵自前往后抡转后下劈谓之"抡劈"（见图 8.3.19）。

图 8.3.17　　　　图 8.3.18　　　　图 8.3.19

说明：短兵劈法均是以腕为轴，运动短兵自上而下劈击对手头、面、胸等部位。立劈和斜劈动作幅度相对较小，抡劈幅度最大，力量也最大。

要领:把控力度,把握时机,正确合理选择劈法,打完急退。
易犯错误及纠正:
用力过猛,导致身体失衡,失去下劈优势。练习下劈要把控好力度,控制好身形。
抢劈速慢,重心起伏,被人乘虚而入。选用抢劈要谨慎,抢劈时短兵贴身画圆,加速急抢。尽量不要大开大合,否则不仅加长时间,同时身体多处出现破绽。

4. 撩

练法:从预备式开始,手握短兵从下往上击打谓之撩。

说明:撩与劈相对,恰好是一阳一阴、一正一反。撩以手腕为轴,由下向上撩击对手上体、手臂和腿部。短兵经身体外侧上撩时,称"正撩"(见图 8.3.20);短兵经身体内侧上撩,称"反撩"(见图 8.3.21)。

要领:上撩迅捷,撩劈结合,配合身法。

图 8.3.20　　　　　　图 8.3.21

5. 崩

说明:手腕下沉,短兵尖端上翘,力达短兵尖端,由下而上用短兵前半段崩击对方手腕和小臂(见图 8.3.22、图 8.3.23)。崩法与点法相似,使用时往往点崩结合。

图 8.3.22　　　　　　图 8.3.23

要领:使用崩法,可直线上下崩,也可从两侧崩。崩法关键在于手腕下沉着力,力达尖端,要求陡然疾速,方能达到防不胜防的效果。

6. 扫

练法:手握短兵或直立或突然下蹲将短兵左右横扫,击打对方前腿等身体部位,蹲扫前小腿(见图8.3.24)。

图 8.3.24

说明:短兵平行地左右横移为扫,扫的击打面最广,突然下蹲扫击对方小腿往往令人防不胜防。但当扫击时,上方防守空虚,容易被对方抢攻,故而使用时要把握时机,务必一击必中。

五、基本防守技术

短兵防守技术主要是运动员利用短兵截击破坏对方的进攻技术,或者进行躲闪避开对方的击打方法。因此,短兵防守技术可分为接触性防守和非接触性防守。接触性闪躲通常有架、格、带、挂、截等,非接触防守则是通过闪、跳、躲、避等避开对方的攻击。具体介绍如下。

1. 架挡防守

(1)架挡做法:当对方短兵立劈而下时,立即双手握住短兵迎击而上,使短兵平置于头顶正上方,身体下蹲,双手撑住,封住对方短兵下劈路线。

(2)反守为攻:架挡成功,当双方短兵击打到过后,对方正在变招之际,立马双手发劲,或扫、或劈、或撩顺势进行反击。

2. 格挡防守

(1)左右格挡:预备式站立,当对方击刺时,腰部迅速拧转带动短兵或左或右格挡,用短兵靠近护盘的部分将对方短兵格开。向左格为左格挡,向右为右格挡。

(2)反守为攻:一旦格开对方短兵后,立马顺势前刺或下劈进攻。

3. 截击防守

(1)截击防守:截击防守主要是通过观察对方短兵进攻路线,然后采取措施在对方短兵运行至半路时突然用短兵击打对方短兵,破坏对方动作的完整性,使其无法攻击到自己,进而达到防守目的。例如对方左右斜劈攻击,则采用相对应方向的左右斜撩截击;对方采用撩法进攻,则相应地采用斜劈截击。

(2) 反守为攻:一旦截击成功,则立马顺势使用快速有效的反击方法。例如斜劈截击成功后,立马变势抡劈攻击。

4. 闪躲防守

(1) 闪躲方法:短兵对抗中的闪躲防守意在闪避对手的短兵攻击,一方面可以节省体力,闪躲中伺机攻击,攻其不备;另一方面还可扰乱对方的心理,常用方法有提膝防守、后撤防守、左右跳闪防守等。

(2) 反守为攻:短兵对抗中躲闪的真正目的在于进攻反击,例如当对方蹲扫前小腿时,立马提膝闪躲,同时用短兵点击对方靠前身体部位等。同样,在后撤、跳闪的过程中,根据具体情况同时用短兵反击。

第四节 短兵的辅助训练方法

任何一项专项技术,除了直接用于攻防的基本技术外,辅助练习特别是专门性辅助练习是必不可缺的。在某种意义上,专门性辅助练习的采用,其正确与否,它的训练程度,对技术的优劣起着决定性作用。当某一技法和某一招式,及其一个微小的技能,通过直接性的技术训练而不能提高时,往往通过某一专门性辅助练习加以训练,常常会收到事半功倍的效果。

在短兵格斗实战中,对于必备的腕力、移动、距离感、反应能力、命中等诸要素需要具有专门针对性的有效训练手段。

一、持棒(短棍)单式训练

短兵,虽涵盖刀、铜、鞭等短兵刃器械,但以剑法为主的技法特点是它的根本所在。为此,手腕的功力、灵活、敏捷又是运用各种招法的关键所在。为提高手腕所需的功力,应有相应而有效的操练手段,这是不可忽视的训练环节。

棒长:与短兵长度相等(可略长3~5厘米)。

棒粗:其围度略粗于短兵。

棒重:短兵重量的一倍以上。

1. 侧身直臂向左向右划圆

左手持棒,右脚在前,侧身,右臂平肩前举,左臂后伸;右臂以腕为轴身前划圆,其圆直径 30 厘米左右,可大可小。两腿可直立,亦可下势屈蹲。划圆的方向可向左向右,变换引进。

要领:伸臂松腕,以腕为轴。划圆时,可原地直立,或下势屈蹲,也可在向前向后行进中进行。

2. 立抡环劈

侧身直立或下蹲成实战姿势,右臂前伸,高与肩平;短兵向下向后经左侧绕环前劈;动作不停,短兵向下向后经右侧绕环前劈,高与肩平,目视前方。

要领:右臂伸臂松腕,以腕为轴。挥动短兵贴身经身体左右两侧成立圆前劈,注意松腕松肩,放长探远。试做时,原地进行,待动作熟练后,可在移动中进行。

3. 正反提撩

侧身直立或下蹲成实战姿势,右臂前伸,高与肩平;右手小臂外旋,手心转上,以腕为轴,短兵由前向上贴身经左侧向后向前上撩;动作不停,右手转腕,短兵经右侧贴身由后向下向前成立圆上撩。反撩动作相同,方向相反。

要领:正反提撩,仍以腕关节为轴,挥动短兵沿身体两侧由下向前向上提撩。它与立抡环劈是一正一反、一阳一阴。技术的关键是松肩、伸臂,以腕为轴。切忌挥动小臂与大臂而加大动作幅度,从而造成短兵运行迟缓。此等撩劈,非套路运行中以求舒展大方的技法表演。

4. 左右横抡

侧身直立或下蹲成实战姿势,右臂前伸,高与肩平;以右手腕为轴,短兵由前向后向左平身抡动;动作不停,小臂内旋,右手心下扣再由左向右平身抡动。右横抡,动作相同,方向相反。

要领:左右横抡,仍以腕关节为轴,松肩、松腕,小臂随之微微伸出助势。当动作逐渐准确后,注意加速抡动,并将启动动作减小到最低限度,以求出其不意、攻其不备的效果。操作方法,可一左一右,构成一组,组间可间歇进行试做,也可循环往复,连续试做。

二、劈击近似短兵的实物练习

运用劈击近似短兵的实物——棍或棒,操习接触实物的技能,使自己手中的短兵具有"触实感",又不致使出手的招法触实而走形,触实而失措。同时,在击靶的过程中,进一步规范招法动作,体验其技术要领。采用这一辅助训练手段,对于进入实战,强化招法运用的实效能力,十分有效。

操练方法:甲乙两人结伴而习。甲方持 1.5 米左右的棍或棒,面对乙方设靶而立,其设靶位置高与腰平,正对乙方;乙方持短兵(或短棍)以点、崩、剪、劈、挑等招法,劈击甲方所持棍靶。

1. 单手劈击法

以单手为主,兼容双手剑刀法、换手剑刀法,应是中国短兵法的特色,也是不同于其他同类剑法的标志之一。运用单手持握短兵,劈击棍(棒)靶,从招法上,除刺法以外的劈、点、剪、崩、撩、砍、斩、挑等,均可对靶进行操习。

(1) 侧对靶练习。所谓侧对靶者,即持棍设靶一方,侧对对方,将靶棍置于腰平部位,供对手攻击。此种靶位可做劈、点、崩、剪、挑、撩等招法练习。初练时,以单招练习为主,逐步可过渡到复招练习(如点—崩)和多招练习(如点—崩—劈)。

(2) 正对靶练习。所谓正对靶者,即持设靶一方,以实战方向,正对对方,并将靶棍置于腰平部位,供对方攻击。设靶时,可用双手持靶棍,亦可单手持靶棍。此种靶位设置,更接近于实战双方的实际,它供劈、点、剪、崩、挑、撩、砸、砍、缠等招法练习。初练时,先以单招(一劈或一点)为主,逐步进至复招(一劈一崩)、多招练习(如点—崩—劈)。其步法,先定步原地练习,待动作逐步规范、正确和熟练后,进而移动练习。做靶一方,主动进退,迫使对方调整距离,做出准确的反应。

(3) 上下靶位练习。为便于砍击招法得到盘练,设靶时可将靶位上竖和下垂成斜面,以迎击对手砍击招法的练习。

上靶位设置:甲方持短兵成实战姿势;乙方持棍上挑成斜面竖立,甲方持短兵由右向左拦腰横砍,此为正砍击法。反之,甲方由左向右拦腰横砍为反砍。

下靶位设置:乙方持靶棍下垂成斜面设靶,甲方持短兵由右向左砍击乙方小腿,此为正砍腿击法。反之,乙方动作不变,甲方由左向右反手横砍小腿,为反砍腿击法。

2. 双手劈击法

自古以来,中国刀剑法,既有单手、双手,又有左右手互换的技法,这正是它底蕴之深和内涵丰富的根本所在。它有别于国际击剑:只有单手,技法单调,直来直去的欧洲风格;更有别于东瀛武士只有双手,而无单手,直线进退的剑道。至今流传于竞技套路中,剑也罢,刀也罢,也还保留着单双手并用、左右手交替的技术动作。尽管从技法上,它只侧重于演练,已失传统实用的含义,但这一形式依然存在。

(1) 双手劈靶训练法:甲乙双方,乙方持靶棍瞄击甲方胸前部位,甲方向右上方上架乙方靶棍,乙方随即下转靶棍,递于甲方中盘部位,甲方双手持短兵向右下方劈击,与乙方靶棍成斜面交叉状。反之,甲方双手左架左劈。

要领:①甲方借上架之时,后手前移,备用双手劈击。②双手下劈时,紧握短兵柄部,拧动短兵向下旋劈。此等用法,颇有力度,如用于劈击对手兵器,可使对手短兵脱手落地,或使对手短兵低头,取得进击对手的空间。甲方架劈时要注意节奏;

乙方递靶时,要注意准确、及时和到位。

(2) 砍腿法:甲乙双方,乙方持靶棍设靶,甲方持短兵双手上架,随即向左向下砍击乙方小腿,两手合力砍击。这是运用双手正手砍击腿法。反之,甲方挥兵向左上架,旋即双手合力砍击对手小腿。

要领:双手左右砍腿,后手(即左手)前附要敏捷自如,关键在于顺势跟进,两手相合,成一整劲。左右砍腿,也是正反砍腿,此等击法,颇具威力,用此招式,关键在于以力推之,尤其用于击破对手架挡,使之挡不胜挡,以强攻夺招之势,击破对手防线,取得精神上的威慑力。

双手刀剑法的运用,还有很多形式,这里不再一一介绍。单双手之间,关键在于变换,得当,可挥其所长;如变换不甚得法,则会弄巧成拙而被对手所乘。变换之道,在于诈敲斗引、真假虚实。

三、换手劈击法

短兵较斗,应以单手为主,但双手操兵劈击和左右手交替应用,也是不可或缺的。这也是中国刀剑法中固有的技法内容。短兵这一形制问世后,换手击法在其技术范畴中也一直存在并成为较技的表现形式之一。因此,它具有鲜明的传统色彩,绝非后人臆造。换手击法,在实战应用中,应是战术组合中的"奇招",即出奇之招,如果换手得法,训练有素,其效果则迥然相异。具体方法可参照如下。

1. 右劈换左劈

甲乙双方,乙方持棍设靶,高与胸平;甲方向乙方靶棍由上向下向左略成斜面劈击,顺势将短兵向左侧后抡带交于左手,乙方接势微向后卸半步。甲方上左步,同时左手接握短兵由后向前成斜面向下抡劈。

要领:右手抡劈,换交左手抡劈与上左步同时启动,上下相合,同时完成,是一整劲。右劈气势要大,猛击对手,但在劈击之中,实中含虚,惊动对手后撤,令对手在当撤不及之时,以左手出奇袭击。在此击法中,一是抓住对手旧力已过、新力未生之际的夹缝击之;二是劈击欲换手时,虚实、真伪要用之巧妙,即遇实则虚,遇虚则实,随机而应,万不可程式化和教条式地应对。

2. 右劈换左挑

甲乙双方,乙方持棍设靶,高与中平;甲方向乙方靶棍由上向下向右略成斜面旋劈,顺势将短兵后带,左手接握兵柄,同时甲方右步上提准备后撤;动作不停,甲方后撤,左臂持短兵直臂上挑。撤步与上挑,同时启动,同时完成,成一整劲。

要领:由劈击进攻转后撤上挑,颇具埋伏式的战术效应。进转而退,内藏一招换手剑,也属阴阳转换。如运用得当,其妙无穷。此处一劈,具有佯攻性质,撤步一挑,实属"打二手"的招法形态。

3. 右劈换左刺

甲乙双方,乙方持棍设靶,高与中平;甲方向乙方靶棍由上向下成斜面劈击,顺势进左步,左手接握短兵,向前直刺。

要领:同右劈换左劈,右劈换左挑。

换手技法在竞技上,在未经严格训练,其技法又未达到十分娴熟的程度时,一般应慎用之。任何换手的一刹间,哪怕是十分之一秒的间隙,都会出现失去门户,给对手以所乘之机。

四、击移动靶训练法

"击移动靶训练法"是通过击打不同大小的球,以球做靶进行训练。它更直接地融入在移动中捕捉活的目标,这一目标的变化常是变幻莫测的,它比面对的剑手所呈现的可攻击目标更小更快。面对这一目标进行训练,对于增进反应能力,加大力度和进退闪展的移动速度,更独具实效,操习它所获得的技能,与直接实战无异。

1. 击打球靶训练法

以排球(或足球)或小足球做靶,运用短兵(或用与短兵长度相等的短棍)以规范而正确的进攻招式攻击球靶,在击打中,应对球的上下、前后、左右的跳动,伺机反应,准确打击。同时,脚下步法应随球而动,始终保持正确的进退距离。

(1)点击击球法:预备动作,由实战姿势开始,拉开正确的攻击距离,向跳动的球进行点击。待球上弹或下落反弹时,连续点击。

(2)点—崩击球法:预备动作,由实战姿势开始,拉开正确的进攻距离,先点击跳动球,继而由下向上崩击球的下方。

要点提示:同点击击球法。但在上崩时,注意手腕下沉,力点集中于短兵前端。

(3)内外剪腕击球法:预备动作,由实战姿势开始。手腕上提,小臂内旋,用短兵前端内侧击球,为内剪腕。小臂外旋,手腕上提,用短兵前端外侧击球,为外剪腕。

(4)直劈、环劈击球法:预备动作,由实战姿势开始。

直劈:正面劈击靶球,当球回落或反弹到适当高度时,连续劈击。

环劈(即绕环劈):短兵经体内左侧划圆向前劈击者,为内环劈;短兵经体外圆向前劈击者,为外环劈。

(5)正反砍击球法:预备动作,由实战姿势开始。

正砍:短兵由右向左横平砍击球靶,为正砍。

反砍:短兵由左向右横平砍击球靶,为反砍。

（6）刺击击球法：预备动作，由实战姿势开始，拉开适当的距离，刺击上弹或下落的球。为了加大和加密训练次数，可由教练或同伴抛球刺击。如有悬吊球架，刺、砍等招法可独自进行训练。

2. 击小球靶训练法

击小球训练一般采用网球、小皮球做靶，运用短兵中点、剪、崩、劈、砍、撩、刺等进攻性招法，击打具有弹性且在急速运动中的目标。捕捉这一目标，而且能连发数剑，剑剑命中，对于提高反应能力，强化提高命中率和准确性，有特殊的功效。小球在接受不同的击力后，反弹的速度、方向大不相同。采用小球做靶训练的手段、方法和形式都与大球相同，此处不再赘述。需要加以说明的是，无论大球或小球，进行做靶训练时，既可个人一兵一球，也可两人一球进行训练。

击悬垂球靶，就是设置框架，将球用绳垂吊于一定高度，这一高度可根据习练者的身高，悬吊于与胸腹平高度为宜，球与球之间以相间1.5米左右为度，其依据应以平行之间互不相扰为原则。练习时，可一球一人，也可相对而练，两人一球。

下面列举几例，以供参考。

（1）点、崩练习法；

（2）外剪腕法；

（3）直刺法；

（4）内、外斜刺法；

（5）小球击靶法与大球相同；

（6）双人击球法：大球与小球击法相同。双人习练，必须在个人单练达到一定基础后，方可进行。否则，击不起来，徒劳而无效果。双人初练时，可预设击法，待技法熟练后，方可随意使用各种击法。

练习方法与"击小球靶训练法"所述相同。

参 考 文 献

[1] 辞海编辑委员会. 辞海[M]. 上海:上海辞书出版社,1980.
[2] 金岳霖. 形式逻辑[M]. 北京:人民出版社,1979.
[3] 陈望衡. 中国古典美学二十讲[M]. 长沙:湖南教育出版社,2007.
[4] 沈寿. 太极拳推手问答[M]. 北京:人民体育出版社,1986.
[5] 江百龙,林鑫海. 明清武术古籍拳学论析[M]. 北京:人民体育出版社,2008.
[6] 司马迁. 史记·五帝本纪[M]. 呼和浩特:远方出版社,2000.
[7] 周伟良. 历史与现代交汇中的中华武术[M]. 台北:逸文武术文化有限公司,2012.
[8] 周伟良. 中国武术史[M]. 北京:高等教育出版社,2003.
[9] 中国武术百科全书编撰委员会. 中国武术百科全书[M]. 北京:中国大百科全书出版社,1998.
[10] 高也陶. 中华传统养生历[M]. 北京:人民军医出版社,2009.
[11] 吴必强,许定国. 武术基本功[M]. 重庆:重庆大学出版社,2008.
[12] 周德来,孙训涛. 大学生体育与健康[M]. 上海:上海交通大学出版社,2014.
[13] 康戈武. 中国武术实用大全[M]. 北京:今日中国出版社,1995.
[14] 陈山. 中国武侠史[M]. 上海:上海三联出版社,1992.
[15] 戚继光. 纪效新书[M]. 上海:上海古籍出版社,1990.
[16] 邱海洋. 中国武学(一)[M]. 北京:中国文联出版社,2016.
[17] 李素玲. 劈挂拳[CD]. 郑州:河南电子音像出版社,2008.
[18] 马剑. 燕赵武术[M]. 北京:人民体育出版社,2010.
[19] 中国武术系列规定套路编写组. 劈挂拳[M]. 北京:人民体育出版社,1999.
[20] 曾庆国,李君华,王胜. 大众武术学练指导[M]. 北京:中国原子能出版社,2011.
[21] 汪晓鸣. 我国传统武术发展及其研究[M]. 北京:中国原子能出版社,2015.
[22] 戴小平. 中国短兵[M]. 武汉:湖北科学技术出版社,2004.
[23] 王华锋. 中国短兵教程[M]. 北京:北京体育大学出版社,2007.
[24] 马贤达. 中国短兵教学训练竞技[M]. 西安:三秦出版社,2003.
[25] 林伯原. 中国武术史[M]. 台北:五洲出版社,1996.
[26] 周直模,陈扬. 形意拳与八极拳[M]. 北京:人民体育出版社,2013.
[27] 武兵. 八极拳[M]. 合肥:安徽科学技术出版社,2016.
[28] 安在峰. 八极拳运动全书[M]. 北京:人民体育出版社,2005.
[29] 江百龙,林鑫海. 明清武术古籍拳学论析[M]. 北京:人民体育出版社,2008.
[30] 任海. 中国古代武术[M]. 北京:商务印书馆,1996.
[31] 二十五史[M]. 上海:上海古籍出版社,1986.

[32] 少林寺资料集续编[M].北京:书目文献出版社,1984.
[33] 邵汉明.中国文化研究二十年[M].北京:人民出版社,2003.
[34] 中国武术大辞典编辑委员会.中国武术大辞典[M].北京:人民体育出版社,
[35] 郑琛.太极拳道诠真[M].北京:人民体育出版社,2003.
[36] 陈微明.太极拳术[M].上海:中华书局,1925.
[37] 翟维传,翟世宗.武氏太极拳精要37式[M].成都:四川科学技术出版社,2012.
[38] 田金龙.太极推手入门与提高[M].北京:人民体育出版社,1999.
[39] 齐德昭,孙生亭.八极拳[M].北京:人民体育出版社,1984.